KB141721

한명호의 댄스 아카데미

댄스 스포츠-2

자이브(Jive)-①
(초.중급, 상급편)

한명호 엮음

도서출판 두원출판미디어

에필로그-1

우물 안 개구리는 되지 말자.

기본패턴은 숙련도가 즐기는 댄스를 좌우한다.

특히 자이브에 있어서 베이식이 차지하는 비중이 반이다 해도 과언이 아니다. 그만큼 중요하다는 것이다. 반복, 또 반복해도 끝이 없다..

그래서 본서에서도 이에 대한 비중을 많이 두고 다루었다.

패턴의 다양함에 아름다운 동작과 부드러운 강인함이 나타난다.

틀에 박힌 기본적인 움직임만 있는 것이 아니다. 스윙의 종류는 다양하다.

자이브도 같은 것이다. 다 한 가족이다. 여기에 각종 라틴 댄스의 독특한 움직임을 가미하여 사용되는 것이 자이브다. 그것 뿐 만이 아니다.

다른 즉, 댄스스포츠 종목에 포함되지는 않았지만 훨씬 많은 종류의 댄스가 즐비하다.

자이브는 나름 독특한 개성을 가진 종목으로 발전되어 가지만 지금도 많은 개량을 하면서 진행되고 있다.

대원군과 같은 사고방식으로는 모든 이들이 즐기는 댄스가 되기 어렵다.

반복되는 이야기지만 등잔 밑만 바라보는 근시안은 없어야한다. 프로의 테크닉을 흉내만 낸다면 대중화의 한계가 있는 것이다. 많은 젊은이들이 왜 생각만큼 호응을 하지 않는가 생각하면 답이 나온다.

우리 모두 더욱 더 웃으면서 즐기고, 다양한 패턴을 접하면서 폭 넓은 댄스를 구사한다면 보다 정열적이고, 박력 있는 댄스를 구사할 것이라 믿는다.

댄스를 사랑하는 모든 이들의 사명이다.

에필로그-2

무엇이 중한가?

어느 분야든, 어떠한 사안에도 항상 다양성이란? 욕구의 분출이다.

발전이란? 다양성에 의한 좌충우돌 하는 형상으로 많은 시행착오를 거쳐 정립이 되는 것이다.

우리가 알고 있는 자이브 는? 얼마나 깊이가 있고, 근본이 무엇이며 어떠한 과정을 거쳐 정립이 되었는가? 한편으로는 세심히 살펴볼 필요가 있는 것이며 그것 또한 당연한 일이다.

맹목적인 순서에 입각해 이렇게 하니까- 새로운 스타일이니까- 무조건적인 사항으로 이렇게 해야지 다르게 하면 색안경을 쓰고 이상스러운 눈초리로 직시하는 시선을 감당하기가 매우 불편한 것이다.

바다는 넓다. 강물에서만 배 띄우지는 않는다. 진정한 배는 바다같이 넓은 곳에서 항해를 해야만 그 진가를 알 수 있는 것이다.

댄스의 종류는 다양하고 폭넓다. 스윙의 종류는 다양하다. 자이브라는 한 종목에만 국한된 것이 아니다.

스윙은 자이브의 근본이다. 모든 것이 서로 일맥상통한다. 그것이 댄스다. 다른 종목이라도 패턴에 적합하면 응용하는 것이다. 결국 혼합되는 것이다. 새로운 것을 새롭게 접목하는 것이다. 그리하여 또 다시 새로운 것이 나오는 것이다. 자이브의 구성을 보면 적나라하게 드러난다.

비교, 분석하며 즐기는 것이다. 언어도 마찬가지다. 외래어가 국어화 하듯 새로운 것은 항상 나오기 마련이다. 지구는 한 가족이다. 제대로 알지도 못하면서 빌려온 자가 오리지날 행세하는 착오는 없어야 겠다.

점점 늘어나는 자이브 피겨-번호 다 어디서 나오는 것일까?

자이브는 파생물이다. 알고 행하자. 그 자체 세밀하고 정확함은 인정할 만하다. 대단한 것이다. 하지만 알 것은 알고 넘어가자.

에필로그-3

활용성의 극대화

국내에 자이브가 보급된 지도 벌써 수십 년 이란 세월이 흘렀다.

돌아보면 참으로 긴 시간이다. 그간의 많고 많은 사연인들 어찌 일일이 기록 할 것인가? 이런저런 많은 과정이야 매사 그러하듯 겪어야 하는 과정이다. 발전이란? 항상 새로움을 추구하고, 진화된 결과를 도출한다.

볼룸댄스가 댄스스포츠라는 공식 명칭으로 바뀌면서 보급은 더욱 박차를 가하였고, 많은 선배들의 노력과 댄스를 사랑하는 마니아들의 열렬한 호응으로, 국가의 헌신적인 배려로 국민 생활체육의 일환으로, 더 나아가서는 학교 교육에 정식으로 채택, 눈부신 발전을 거듭하고 있다. 앞으로도 더욱 건실하고, 미래지향적으로 발전되어나가기를 댄스를 사랑하고 즐기는 한 사람으로서 항상 기원하는 바이다.

댄스스포츠 10종목 중의 하나로 채택되고 진보를 거듭하고 있는 자이브, 사교댄스에 있어서 지르박과 일맥상통하는 부분이 많다 보니 더더욱 사랑받는 종목으로 각광을 받는다고 볼 수 있다. 실상 즐기는 사람은 많아도, 한편으로는 보기는 좋은데---힘들어, 어려워, 시간이 많이 걸려, 뭐가 그렇게 복잡한 것이 많아-------기운 좋은 사람이나 하는 것이지 뭐! 하면서 외면 받는 경우를 주변에서 쉽게 볼 수 있다. 원인은 무엇일까? 무엇인가? 무엇인가? 잘못된 자이브 교육 이제는 바꾸어야 할 시점입니다. 편안하게 출 수 있는 자이브로 바꾸어야 합니다. 쇼-케이스 위주의 교육방법을 바꾸어야 한다는 것이지요. 형식과 틀에 얽매인 방식을 바꾸어야 합니다. 일반인들이 지르박 편하게 추듯 말이지요, 일반인을 위한 자이브 기초과정-순서의 노예가 되면서 배우는 것? 당신 생각은 어떠신지요? 부드럽고, 편하고, 쉽게, 보편성을 강조하는 실용자이브로 말입니다.

자이브(Jive)란?

무엇을 알아야 정확하고, 쉽게 활용할 것인가?

에필로그-4

기본 베이식의 종류는 여러 종류가 있다. 어떠한 기본방식을 택하느냐에 따라 분위기가 달라진다. 딱딱하고 강함을 택할 것인가?

부드럽고 유연성 있는 것을 택할 것인가? 중도를 선택할 것인가? 어떠한 선택을 하더라도 결론은 기본은 같다는 것이다. 다만 연령. 선호도 등에 따라 선택의 폭이 달라진다. 국내의 경우 일반인들은 점핑 스타일의 자이브 기본 베이식을 택하고 있다. 그리 배워왔고 행하기에 그리된 것이다. 좀 더 다양한 교육이 이루어지지 않은 탓이다. 장단점은 다 각기 나름의 특색이 있으므로 여기서 논할 대상은 아니다. 단지 자이브를 행함에 있어 여러 방법이 존재한다는 사실이 중요하다는 것이다. 본서에서도 부득이 이 스타일을 기준으로 기본도형인 족형도를 표시하였으나 다른 스타일의 부분에서도 얼마든지 이해하고 활용을 할 수가 있다.

중간 중간 보충설명으로 표기하였다. 점핑 스타일은 비교적 단순하여 족형 도를 표기하기도 적합하다.

중요한 것은 다양한 기본 베이식을 얼마나 잘 이해하느냐가 관건이다.

어떤 분이 묻는다. 자이브 배우려면 의상, 무도화도 갖추어야 합니까? 물론 신발은 댄스화를 갖추는 것이 좋다. 가볍고 편하니까, 그것이 불편하면 가벼운 종류의 신발을 착용해도 무방하기는 하지만 말이다. 그런데 의상까지는 조금 심한 것 같다. 행사가 있거나 발표회, 대회에 참석한다면 생각해볼 문제지만 말이다.

아마든, 프로든 수준급에 도달하면 자연 그런 기회가 준비되기 마련이다. 굳이 배우는 과정에서 뭐가 급해서 그게 필요하단 말인가? 어느 정도 숙달만 되면 너도나도 옷에 신경을 쓰느라 바쁘다 바뻐. 가족 가운데 옷 장사하는 사람이 있는 것도 아닐 텐데 말이다. 일반 무도장(콜라텍 포함)에 가도 보기는 화려한데, 과연 그렇게까지 과시할 필요가 있을까? 다 자기 멋에 사는 것이니까! 할 말이 없다.

제 1 장
Basic 분석

차례

제 2 장
실전기본 응용

제 3 장

실전피겨 활용

제 1 장

Basic 분석

댄스는 종목 별로 다 기본적인 패턴이 있다.
특히 자이브는 스윙과는 결코 떨어질 수 없는
불가분의 관계다.
복잡 다양하지만 어느 정도 기본적인 사항은
알아야 하지 않을까?
부분적이지만 필수 항목인 것이다.

베이식 무브먼트 - Basic Movement

베이식 무브먼트

가장 기초적이면서도 가장 중요한 부분이다. 간단한 것 같기도 하지만, 알면 알수록 재미있고 흥미 있는 움직임이다.
우선 기본적으로 구성을 알아야 한다. 기본은 8보를 기본 틀로 한다.
물론 경우 따라 변형적인 사항도 있지만, 전형적인 사안이다.

리듬은 Q, Q, QaQ, QaQ
타이밍, 카운트는 1, 2, 3a4, 5a6--1, 2, 3, 4, 5, 6, 7, 8
　　　다른 방법은 1, 2, 1a2, 3a4--1, 2, 3, 4, 5, 6, 7, 8

훗트-웍은 Ball-Flat, Ball로 구분이 되는데 B. F와 B로 구분, 적기로 한다.
모던댄스에서는 토우(Toe)를 많이 사용하지만, 라틴댄스에서는 주로 볼(Ball)로 많이 사용한다. 물론 다른 부위도 사용하는 것도 같다.

스텝 / 스타일	1보	2보	3보	4보	5보	6보	7보	8보
리듬	Q	Q	Q	a	Q	Q	a	Q
박자	1	1	3/4	1/4	1	3/4	1/4	1
훗트웍 바운스	BF	BF	B	B	BF	B	B	BF
훗트웍 점핑	BF	BF	B	B	BF	B	B	BF

베이식 무브먼트 무엇이 문제인가?

> 체중이동 이란 것은 강약에도 영향을 미친다.
> 체중이 실린 발에 힘이 들어가므로 자연 강하게 나타난다.

기본적인 베이식이 모든 댄스에 있어서 제일 중요하다는 것은 재론할 여지가 없다. 특히 자이브에 있어서 그 중요성이 더욱 강조된다. 왜? 점핑자이브의 한계점 때문이다. 뛰면서 신체의 모든 부분을 움직이기는 어렵기 때문이다. 점핑, 홉핑, 바운스 자이브의 차이점은 유튜브에서 동영상을 찾아보시면 이해가 갈 것이다. 우선 시작 전 발의 형태와 체중을 얹는 방법을 살펴보자.

기본적인 사항을 적은 것이다. 피겨에 따라 여러 변수가 생긴다. 발의 보수가 늘어나고, 리듬 변화가 생기면서 다양한 형태의 피겨로 나타나고, 여러 가지 테크닉이 첨가되면서 훨씬 복잡해진다.

기본적인 훗트워크는 변함없다. 리드에 있어서 모던과는 다른 차이가 있다. 근본 강약 타이밍은 변함이 없다. 그것이 댄스의 원리다.

> 쉽게 배우는 스윙 베이식.
> 스윙이라는 단어를 쓴다고 이상하게 생각 할 일이 아니다.
> 원래 자이브는 스윙을 다듬어 표출하는 것이기 때문이다.
> 간단히 생각하면 "구슬을 꿰어서 다듬어 상품으로 만든 것이다." 라고
> 말이다. 록스타일 자이브로 연습하는 것도 쉽게 숙달한다.
>
> 기본틀 ➡ 걷고, 걷고, 차고 놓고, 차고 놓고,---제자리에서다.
> 남성(제자리에서) ➡ 왼발 걷고, 오른발 걷고, 왼발 들어 차고 놓고,
> 오른발 들어 차고 놓고
> 여성(제자리에서) ➡ 오른발 걷고, 왼발 걷고, 오른발 들어 차고
> 놓고, 왼발 들어 차고 놓고

남성과 여성의 발의 위치와, 체중 이동

A 　여성　 B

시작 시 발의 형태. 체중을 오른발에 얹고, 왼발에는 힘을 늦춘다.
(남성)왼발은 바로 움직일 수 있도록 준비 동작을 취한다.
여성은 남성과는 반대다. 체중을 오른발에 얹는다.

특징: 바로 옆에 근접해 있어 이동시간이 빠르다.
단점으로는 활동범위가 넉넉하지 못하다.

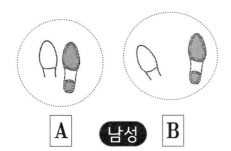

A 　남성　 B

시작시 발의 형태. 체중을 오른발에 얹고, 왼발에는 힘을 늦춘다. 약간 발을 벌린 상태다. 탭을 한 형태로 생각하면 된다. 무릎을 약간 구부린 상태(남성)

이것도 역시 여성은 체중을 오른발에 얹고 선 상태를 유지한다.
특징: 체중을 한 발에 두고 발을 약간 벌린 상태에 있어 넉넉한 공간을 유지. 공간을 활용한 다양한 동작들을 할 수 있다.

트리플스텝의 다양성을 알아야 한다.

트리플 스텝이란? 일반적으로 3보로 이루어진 발의 이동과 흐름을 말한다. 1보 또는 2보로 행할 간격 내에서 3보로 행하는 것이다. 템포 또한 마찬가지다. 한정된 공간과 시간내에서 이루어지니 무엇인가 서둘러야 함이다. 신속함을 요한다.

탄력 있는 듯한 행동으로 대응해야 한다.

간격의 구성이 중요하다. 나누어 공간을 활용한다.

Q　　　　　a　　　　　Q

남성의 입장에서 보면 왼쪽으로의 이동이다. 자연 왼쪽 샤세이다.

보통 3보로 이루어지는 경우 우리는 샤세라고 말한다.

원이 지정한 발에 체중이 얹어지면서 이동이 이루어진다.

무릎의 구부림과 펴짐에 유의하여 살펴보자.

트리플 스텝의 다양성을 알아야 한다.

일반적으로 자이브 하는 분들을 보면 베이식에서 일단은 사이드 베이식만을 생각한다. 좌, 우 샤세로 이어지는 3스텝의 전형적인 샤세.

물론 이것이 근간이요, 바탕을 이루면서 이루어진다. 여기서 한 번 생각을 해 보자. 과연 게처럼 옆으로만 진행 할 것인가? 물론 앞, 뒤로도 진행한다. 런닝이나, 크로스를 활용한다. 당연하다. 문제는 여기에서 벗어나지를 못한다는 것이다. 활용도가 약하다는 것이다.

루틴을 형성하여 진행할 때 여러 동작이 나오는데 그때는 아! 이렇게도 하는구나, 여기서는 이렇게 하는 것인가? 하고 넘어간다. 그러나 그러한 동작 하나하나가 베이식에 활용이 되어야 전체적인 흐름이 더 매끄러워지는 것이다. 베이식은 다양하고 변화가 많다.

멋있는 댄스는 누가 더 많이 베이식을 알고 제대로 구사하는가에 달린 것이다. 많은 선수들도 이에 대한 노력을 게을리 하지 않는다.

결론은 그렇다는 것이다. 틀에 박힌 사이드 베이식만 갖고는 한계가 있는 것이다. 능숙하게 누구나 잘해야 한다. 는 뜻이 아니다.

사시사철 한 가지 옷만 입을 수는 없다. 철 따라 걸맞게 갈아입고 적응하는 것이다. 그것이 순리다. 그렇다면 해결책이 무엇인가?

문제만 제기하는 것이 아니다. 결론은 이미 알고 있는 평범한 사실이다.

왜? 못하는 것일까? 변화는 발전을 전제로 한다.

명제에 어울리는 논리가 필요하다. 그 해결책을 같이 즐기면서 행하자는 것이다. 여기에서 숙달되면 또 다른 방법이 나온다.

리듬 카운트에 맞추어 걸어라. 직선도 좋고 원을 이루며 걸어도 좋다. 음악에 맞추어 움직이라는 말이다. 훗트-워크는 신경을 안 써도 좋다. 일단은 적응하는 것이다. 전진도 좋고, 후진도 좋고 제자리도 좋다. 동서남북 사방으로 마음대로 움직이면서 스텝을 익히도록 한다.

트리플 스텝의 다양성을 알아야 한다.

좌우 옆으로 움직여도 좋다. 대각선도 좋고, 방향은 상관이 없다.

처음 시작-발은 남성 -왼발, 여성은 오른발로 시작한다.

제자리에서부터 시작한다. 음악에 맞추어 반복 연습을 하면서 길고, 짧음을 구별하면서 천천히 연습한다. 무릎을 구부리고 펴는 동작에 있어서, 인색해서는 안 된다. 발은 정확하게 딛는다. 익숙해지면 다음 단계로 진행한다.

자유자재로 움직이는 것이다. 중간에 끊기면서 방향이 바뀌어도 상관이 없다.

움직이면 되는 것이다.

오른발, 왼발의 사용에 대한 기본적인 개념이 생겨난다.

스텝을 행하면서 카운트는 어찌할 것인가?

스텝은 1, 2, 3 세 종류 스텝을 고루 연습한다.

실질적으로 연습에 치중하는 것은 스리 스텝(Tripple Step) 이지만 다 중요하긴 마찬가지다. 몇 보로 이루어지는가?

❶ 4보 : Q, Q, S, S -원스텝 - Single -

　　　　　　　　　4 카운트-1, 2, 3, 4

❷ 6보 : Q, Q, S, S - 원스텝, 투스텝 - Single Double

　　　　　　　　　4 카운트-1, 2, a3, a4

❸ 8보 : Q, Q, QaQ, QaQ -원스텝, 스리스텝 -Single, Tripple

　　　　　　　　　6 카운트-1, 2, 3a4, 5a6,

❹ 10보 : Q, Q, QaQ, Q, Q, QaQ-원스텝, 스리-스텝, 원-스텝, 스리
-

　　　　　　　　　　　　　　　　　스텝

　　　　　　Single, Tripple, Single, Tripple

　　　　　　8 카운트-1, 2, 3a4, 5, 6, 7a8,

Basic-Foot Walk 기본 스텝과 훗트워크

❶ 4보 : Q, Q, S, S -원스텝 - Single - **4 카운트**-1, 2, 3, 4
　　3보와 4보에서는 가벼운 바운스를 사용한다.

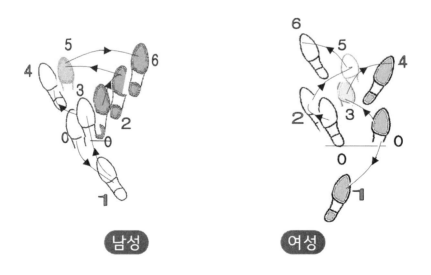

6 카운트-걷고, 걷고, 차고 놓고, 차고 놓고

기본스텝과 훗트워크의 상관관계

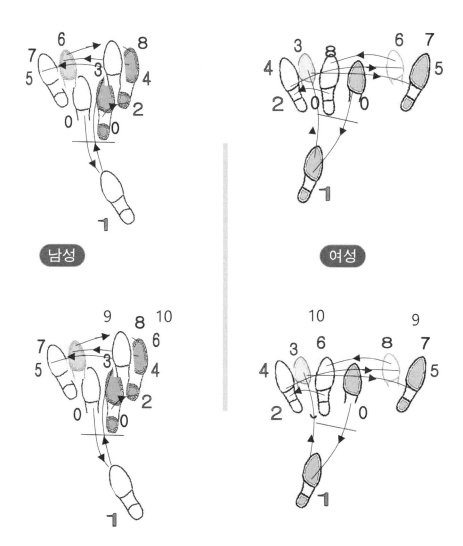

남성

여성

기본스텝을 행할 시 처음부터 후트-웍에 지나치게 집착하실 필요는 없습니다. 그저 편하게 음악에 맞추어 움직인다는 생각으로 이동을 하시면 됩니다. 좌우 또는 제자리에서 움직이면 됩니다.
빠르게 움직이다보면 힐이 자연스럽게 들리게 됩니다. 볼로 작용을 하는 것. 순리에 의한 움직임이다. 라고 생각하면 됩니다. 차차 발전됩니다.

기본스텝과 훗트워크의 상관관계 - 2종류(필수항목)

International Style (인터내셔날 스타일)

남성스텝

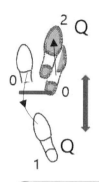

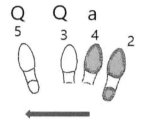

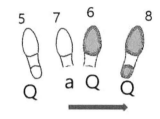

쇼-케이스용, 경기용 기본 베이식의 활용방법. 딛는 각 발에 체중을 완전이동을 추구하는 형식. 자세를 낮추어 행함이 수순이다. 국내에서 일반적으로 가르치고 행하는 방법이나 일반인들이 처음부터 이 방법으로 행하면 많은 어려움이 따른다. 어느 정도 적응이 된 후 활용하는 것이 바람직하다

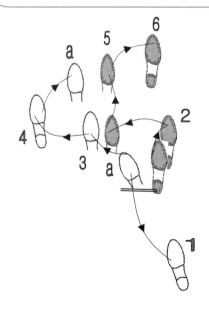

이것을 하나로 뭉쳐 제자리에서 연습한다 생각하고 실제로 연습을 한다. 제자리걸음으로 말이다.

결과는 숙련도가 말한다.

더블홀드 상태에서 이루어지는 방법이다.
오픈 형태를 유지하고 있다.
사진의 경우-남성은 체중을 오른발에 얹고, 여성은 체중을 왼발에 얹고 서 있는 형상이다.

남성과 여성 각자가 한 발 씩 체중을 얹어가며 이동하는 경우다..
바운스가 강하여 점핑 스타일로 나타난다.
제자리에서 하는 경우다.

자이브에서 제일 신경을 많이 쓴다. 물론 다른 경우도 마찬가지이지만 샤세의 숙련도에 따라 나타나는 결과는 차이가 많이 난다.

기본스텝과 훗트워크의 상관관계-2종류(필수항목)

International Style (인터내셔날 스타일)

여성스텝

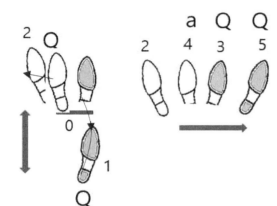

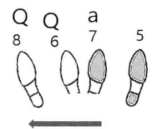

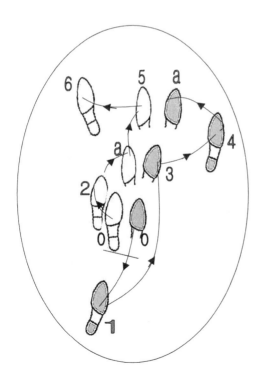

이것을 하나로 뭉쳐 제자리에서 연습한다 생각하고 실제로 연습을 한다. 제자리걸음으로 말이다.

남성과 동일한 방법으로 연습을 한다.

Rock-Inplaces Basic-록 앤, 제자리 베이식

American Style (아메리칸 스타일)

남성스텝

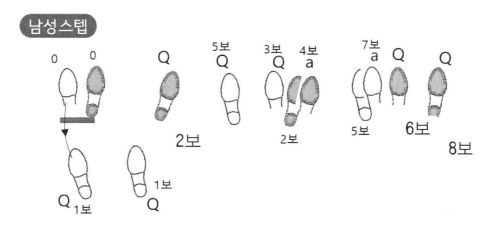

제자리에서 바운스를 이용, 활용하는 방법. 1,2는 제자리 걷기다.
순서의 변화와 발의 위치 변화를 잘 살펴야 한다.

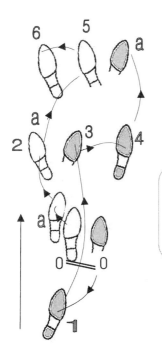

이것을 하나로 뭉쳐 제자리에서 연습한다
생각하고 실제로 연습을 한다. 제자리걸음
으로 말이다.

실질적으로 실전에서 많이 사용되는
방법이다. 스윙 또한 이 방법으로 행
한다.
"a"를 "&"로 사용하기도 한다.

순서 1a2➡ 3a4 ➡ 5a6

좌, 우 샤세 베이식

왼쪽 이동 샤세(왼발, 오른발,왼발)

| Q | a | Q |

오른쪽 이동 샤세(오른발, 왼발,오른발)

| Q | a | Q |

좌,우 샤세 베이식-분석

이것을 하나로 뭉쳐 제자리에서 연습한다 생각하고 실제로 연습한다. 제자리걸음으로 말이다.

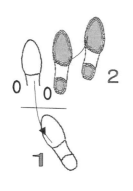

0,0은 제자리 체중을 오른발에 얹고 왼발은 가볍게 이동 할 준비.

왼발이 뒤로 후진하며 제1보로 한다.

2보 오른발은 처음 시작시의 위치에서 제자리 하는 기분으로 이어간다.

체중만 이동하는 경우도 있으나 실전에서는 거의 조금씩 이동을 한다.

1보   2보

2보에 체중을 얹고 바운스를 하면서 행한다. 쉽게 설명하면 무릎을 낮춘다 -(약간 앉는다)는 설명이다. (일종의 스쿼트 동작으로 생각) -다시 펴는 동작을 하는데 이때가 키 포인트다. 뒷굼치를 들고 즉 힐을 바닥에서 들고 볼로 동작을 한다. 까치발로 움직이는 것이다.

좌,우 샤세 베이식-분석

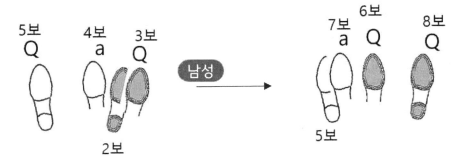

지금의 경우는 2보의 오른발을 활용하는 경우다. 5보에 있어 왼발의 경우도 마찬가지다. 이것이 지금 이 베이식의 특징이다. 2보 오른발에서 체중을 얹은 채로 3보 왼발 볼을 사용한다. 카운트는 Q이다. 이제 문제는 4보 a에서 오른발이다. 2번의 역할을 한다. 설명을 구분하여 해보자.

5보에서 6,7,8보를 행할 때도 같은 방법이다.

5보 왼발에 체중을 얹고 행하는 것. 6보에서 볼을 사용할 시 잠깐 체중을 오른발로 이동을 하지만 왼발을 자기 위치를 지킨다. 물론 체중을 이동하는 요령은 마찬가지. 이 방법을 사용하면 점핑 스타일에서 벗어나게 된다. 바운스를 2회한다 생각하면 된다.

실제로 그렇게 하는 것이고 그것이 요령이다. 재삼 확인하고 차근차근 하면 될 것이다.

3보, 4보, 5보   6보, 7보, 8보

Forward-Back Basic-전진-후진 베이식

중복으로 인한 표기이니 연습할 경우는 직선으로 연습. 전진과 후진을 반복하는 과정. 보통 전진, 후진한 후 피겨로 연결된다.

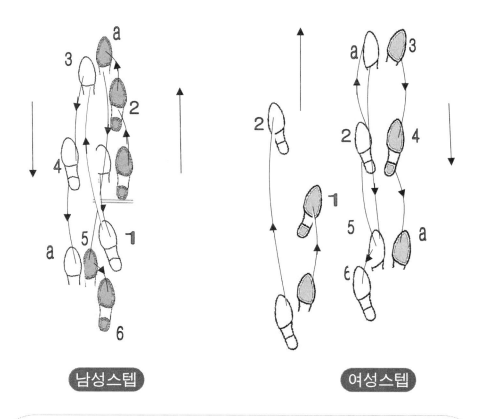

남성스텝   여성스텝

여기에서 묘한 결론이 나온다. 샤세에서 우리는 보통 흔히 일컫는 사이드 즉 옆으로 움직이는 좌우 샤세만을 생각하는데 실제로 실전에 임하다보면 약간씩 앞뒤, 좌우로 움직임이 나타남을 알게 된다.

결국, 샤세가 사방팔방으로 행해진다는 사실을 깨닫게 된다.

샤세란? 보통 팔방으로 진행된다. 역할은 Q에서 이루어진다. 3보째에서 이루어진다는 것이다. 그림에서 보면 4보, 6보가 그렇다. 실제로 이의 응용을 알게 되면 그 매력에 빠지게 되는 것이다.

Forward-Back Push Basic-전진-후진 리드베이식

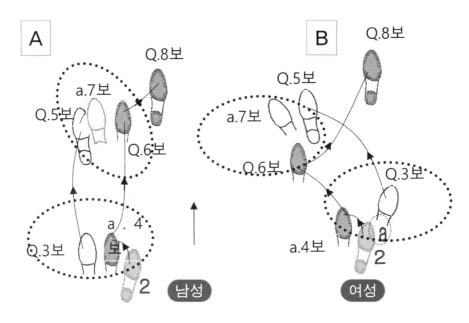

남성이 전진하면 여성은 후진, 남성이 후진하면 여성은 전진한다.
중요한 것은 **3,4보 6,7보**에서 발이 모아지는 형상을 이룬다. 5,8보는
전진, 후진의 확실한 결정을 내려주는 마무리다. —➤ 답이다.

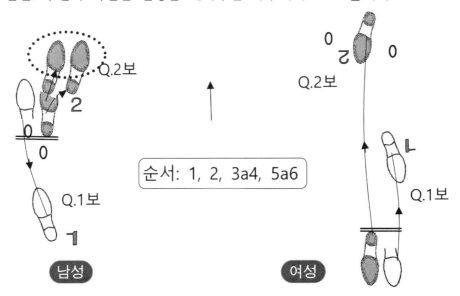

순서: 1, 2, 3a4, 5a6

트리플베이식(Tripple Basic)-인터내셔날스타일

베이식-록(Rock)스텝   링크(Link) 연습

기본적인 움직임이다. 종류가 다양하다. 어떻게 하느냐에 따라 후행 시 차이가 난다. 기초공사가 튼튼해야 높이 올라간다. 실질적인 동작은 1-2보다. 편의상 1-8보를 링크라 한다. 링크도 여러 방법으로 종류가 다양하다.

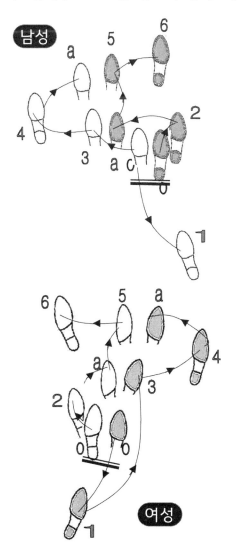

순서: 1, 2, 3a4, 5a6

링크 1-8 보

전체적인 동작을 축소하여 제자리에서 하는 기분으로 연습하는 것이 좋다.

시작 시 발의 형태. 체중을 오른발에 얹고, 왼발에는 힘을 늦춘다. 왼발은 바로 움직일 수 있도록 준비동작을 취한다.

오른발에 체중을 얹고, 왼발을 뒤로 이동 왼발로 체중을 옮긴다.

체중을 옮긴다는 것은 몸 중심을 의탁한다는 말이다. 중심이 왼발에 있으면 왼발이 주체가 되어 움직이고, 오른발에 중심이 있으면 오른발이 주체가 되는 것이다.

트리플인플레이스(Tripple Inplaces) 제자리연습

✤ 베이식 연습을 하면서 제일 먼저 행해야 하는 과정이다.

일반적으로 둘러보면 자이브-교육과정에서 등 외면하고 무시하고 지나가는 경우가 많다. 꼼꼼히 가르치는 곳에서는 놓치지 않고 행하지만, 그렇지 않은 곳들도 많기에 가장 기본적인 것이 가장 중요한 것이라는 것을 다시한 번 상기하는 뜻에서 적어봅니다.

❶ 우선 제자리에서 킥 동작을 연습합니다.

남성은 체중을 오른발에 두고 왼발에는 체중을 얹지 않고 가볍게 발 앞부분-볼을 바닥에 두고 시작합니다. 왼발은 뒤꿈치만 들어주면 절로 체중이 얹어지지 않습니다. 여성의 경우는 반대로 합니다. 체중을 왼발에 얹고 반대로 오른발은 납성 왼발 하는 방법으로 행하면 됩니다. "체중을 얹는다." 는 것은 발전체를 바닥에 대고 다리에 힘을 가하면 자동으로 이루어집니다. 마치 한 발로 서있는 기분이 느껴지면 잘 진행되고 있는 것입니다.

❷ 차고, 놓고를 차례대로 합니다.

남성은 왼발부터 차고, 놓고, 그리고 다음은 오른발을 차고 놓고 합니다. 제자리걸음 한다고 생각하면 같습니다. 차고라는 동작은 킥 동작인데 축구공 차듯 뻥뻥 차는 동작이 아닙니다. 많은 분이 킥 동작에 대한 부분도 주의가 필요합니다. 킥 동작은 무릎을 올려 구부렸다 내리면서 바닥을 누르는 듯한 기분으로 펴는 동작입니다. 발끝이 바닥을 향하고 발 앞부분이 먼저 닿고 그다음 발전체를 디디는 행위입니다. 앞으로 내지르는 그런 동작이 아닙니다. 그것은 개 발이지요! 약간 정도의 흐트러짐은 애교로 볼 수가 있으니 지나치게 의식하지 마십시오. 킥은 다리-스트레칭 각도를 조절하면서------

뭐, 선수 할 것도 아닌데 대강 넘어갑시다! 예 예 맞고요. 사실입니다.

❸ 발을 차례대로 전체를 바닥에 디딥니다.

제자리 걷는 동작입니다. 킥 동작을 순차 적으로 하고 순차 적으로 걷는 것입니다. 걷는다는 자체는 체중을 완전히 얹는 것이지요. 한쪽 발로 서는 듯이 걸으면 됩니다. 저절로 체중 이동과 힙 동작이 이루어집니다.
의식하지 않아도 이루어진다는 설명이지요. 인체의 과학적인 원리입니다.
❶, ❷, ❸ 을 반복하는 동안 당신은 이미 1, 2, 3a4, 5a6, 이미 자이브 기본 카운트와 리듬에 적응된 것입니다.
곰곰 생각해보십시오. 음악에 맞추어서 해 보십시오.
감을 잡았다면 구부렸다 폈다를 병용하면 더욱 확실할 것입니다.
그래도 잘 이해가 가지 않는다면 강사와 상의해 보십시오.
확실한 답을 내줄 것입니다.

킥-무브먼트(Basic Kick Movement) 제자리 연습 실전 활용

킥-동작을 이용한 베이식이다. 3a 동작에서 킥-동작을 하는 것이다. 4에서 발이 바닥에 닿으면서 킥-동작이 끝난다. 쉽게 표현을 한다면 "차고, 놓고"로 표현을 해보자. 차고는 3, a - 3에서 차고 "a"에서 발을 든 상태가 된다. 놓고는 "4"가 되는데 Ball-Flat이 된다. 발전체를 디디는 것이다. 홉-동작을 사용하는 경우는 슬립 동작도 사용되는데 차차 설명하기로 하고 기본적인 킥-동작을 살펴보자.

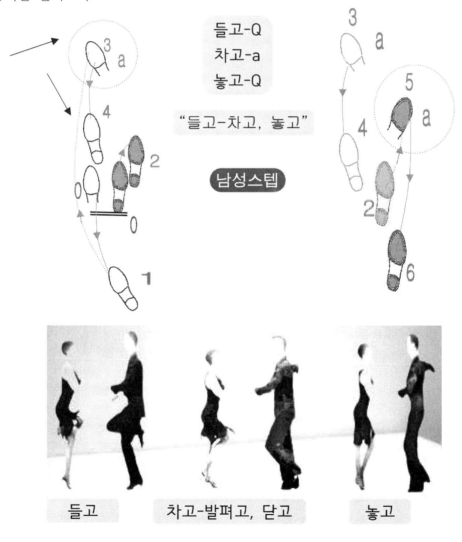

들고-Q
차고-a
놓고-Q

"들고-차고, 놓고"

남성스텝

들고   차고-발펴고, 닫고   놓고

킥-무브먼트(Basic Kick Movement) 제자리 연습 실전 활용

여성스텝   순서: 1, 2, 3a4, 5a6

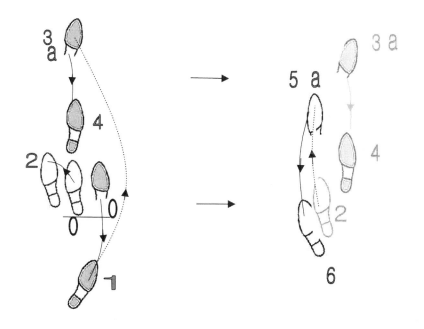

◎들고--왼발을 구부려 발을 든 것 같은 형태를 유지.
　　　체중은 오른발에 유지.
◎차고--바운스가 이어진다. 들고의 후반부에서 바운스
　　　가 시작 올라간 상태에서 스트레칭이 이어지는
　　　것, 바로 차고의 과정이다.
◎놓고--편안하게 체중을 이동하며 중심을 잡는다.
　　　이것이 킥 동작의 비법이다.

킥-무브먼트(Basic Kick Movement) 제자리 연습 실전 활용

킥-동작을 이용한 제자리 베이식 과정. a동작은 무릎을 사진과 같이 높이 올리면 자동으로 바운스-동작이 발생하며 무릎이 굽어지며 발생한다. 신체의 과학이다.

지르박을 할 줄 아는 사람이라면 누구나 1시간이면 능숙하게 할 수 있다. 킥-무브먼트에도 스트레치-킥과 드롭-킥으로 나누어지는데 드롭킥이다.

킥-동작에는 바운스가 필요, 홉-동작 또한 겸비되어야 한다.

체중 이동의 활용이 유리한 쪽으로 활용하면 된다. 기본 베이식이 생명이다. 다양한 베이식 구사가 능력이다.

순서에 집착하는 어리석음보다 다양성을 창조하자.

0   시작을 준비하는 과정이다. 남성은 체중을 오른 발에, 여성은 체중을 왼발에 얹고 시작할 준비를 완전히 한다. 손을 잡는 방법 즉 홀드는 원-핸 드, 더블-홀드 상관이 없다. 가능하다면 움직임 이 편한 원-핸드 홀드가 좋겠다.

Q 1   남녀가 각각 1보를 행한다. 제자리에서 체중을 이동. 남성은 왼발 편하게 딛고, 여성은 오른 발을 딛는다. 이때 주의할 점은 **훗트-워크는 Ball-Flat** 이다. 무릎을 구부렸다 펴는 동작을 취하면 된다.

발 앞부분을 바닥에 딛고 물론 뒤꿈치는 당연 히 들고 행함이다. 그 상태에 이어 발전체를 딛는다.

남성은 여성이 체중을 오른발에 얹도록 리드.

Q 2   카운트1과 같이 남녀가 각각 1보를 행한다. 제자 리에서 체중을 이동. 남성은 오른발 편하게 딛고, 여성은 왼발을 딛는다. 1과 같다. **훗트워크는 Ball-Flat** 이다. 무릎을 구부렸다 펴는 동작을 취 하면 된다. 발 앞부분을 바닥에 딛고 물론 뒤꿈 치는 당연히 들고 행함이다. 그 상태에서 이어 발전체를 딛는다. 1과는 체중 이동이 반대다.

Q 3   남성과 여성 다 같이 약간 하강하는 경우다. 체중 을 딛고 있는 발의 뒤꿈치를 살짝 들고, 한 발로 몸의 중심을 유지한다. 남성은 왼발을 구부리고 무릎을 구부려 올린다. 여성은 오른발을 구부려 무릎을 올린다. 무릎은 구부리지만, 반대편 발에 중심을 얹고 몸은 낮추어 약간 하강한다.

발을 살짝 들어 올리는 동작이다. 이중 탄력 준비 다.

a

카운트 3에서 이어지는 동작. 들렸던 발이 최정점으로 상승곡선. a는 최상곡선. 상승에는 조절이 필요. 완전한 상승이다. 제어할 준비를 한다. 더 힘들고 예민하다. a는 3과4의 중간. 3a4의 길이다. 3:1;4의 길이다. 비트2의 길이를 8로 나눈 1이라는 것이다. 빠른 속도이다. 순간적으로 펴고 구부림이다.

Q4

남성과 여성 다 같이 상승을 멈추고 정리하는 경우. 남성은 체중을 왼발에, 여성은 체중을 오른발에 얹고 제자리 샤세. 전반부를 정돈, 몸을 추스리고 다시 남성은 오른발, 여성은 왼발 샤세를 이어갈 준비를 한다.

Q5

다 같이 약-하강하는 경우. 체중을 딛고 있는 발의 뒤꿈치를 들고, 한 발로 몸의 중심을 유지. 남성은 오른발 구부리고 무릎을 약간 구부려 올린다. 여성은 왼발 구부려 무릎을 살짝 올린다. 무릎은 구부리지만, 반대편 발에 중심을 얹고 몸은 약간 위로 하강하도록 한다. 3과는 정반대다-발만 살짝 들어 올리는 동작이다. 역시 이중 탄력 준비다.

実

Basic Tripple-베이식 트리플-폴어웨이록

순서: 1, 2, 3a4, 5a6

남여공통

1　　　**2**

A, B타입은 베이식을 익히는 과정에서 숙지해야 할 사항이다. 실전에서는 약간의 변형된 스타일로 적용된다. 그 차이점이 무엇인가? 를 알아야 한다.

전반부

3　　　**a**　　　**4**

왼쪽 샤세(남성 기준)
왼쪽으로의
트리플-스텝.
남성 : L, R, L
여성 : R, L, R

후반부

5　　　**a**　　　**6**

　　a　　　　　Q　6

오른쪽 샤세(남성 기준)
오른쪽으로의
트리플-스텝.
남성 : R, L, R
여성 : L, R, L

BasicTripple-베이식 트리플-폴어웨이록

여성스텝

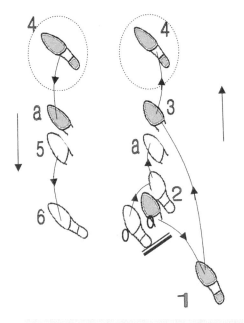

폴어웨이 포지션에서 트리플 스텝을 행하며 이루어지는 록의 형태다. 기본적인 샤세를 행하면서 이루어지는 경우이나 여기서도 변형된 스타일이 나오기도 하는데 추후 논하고 기본적인 형식을 익히는데 중점을 두도록 하자.

1, 2, 3a4, 5a6-Q, Q, QaQ, QaQ

남성스텝

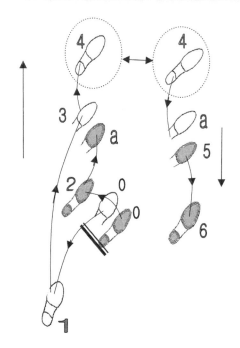

발의 위치와 자세, 체중이동, 기울기를 참조하자.

베이식 무브먼트 - Basic Movement-링크(Link)

A타입

링크.록

1   2

남녀가 비스듬히 인 채로 진행하는 경우다. 회전량이 없는 경우로 생각하면 된다. 클로우즈드-포지션을 유지한다.

A-타입 : 록-스텝, 비스듬히 선 채로 시작, 진행하는 경우.
B-타입 : 비스듬히 서로 정면을 마주하고 사이드로 행하는 경우.

B타입

2   1

시작 시 남녀가 비스듬히 인 채로 진행하는 경우. A-타입과 시작은 같다. 2보에서 남성과 여성이 정면 으로 향한다. 서로 마주 보는 형상. 페이싱 포지션이다. 회전량은 남녀 각각 1/8이다. (1/4)도 가능. -턱-포지션일 경우. 스웨이-R

손의 높이 즉 팔을 어느 정도 올리고 내리는 가를 참고. 더블홀드 상태인데 샤세란 어떤 상황에서 이루어지는가를 잘 판단, 적합한 높이를 정한다.

록턴-베이식 무브먼트 -Rock Turn Basic Movement

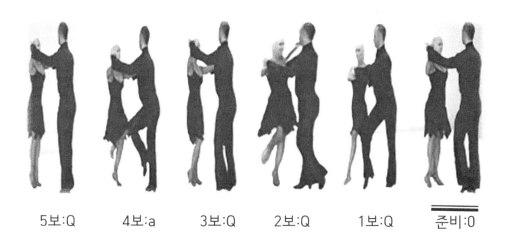

| 5보:Q | 4보:a | 3보:Q | 2보:Q | 1보:Q | 준비:0 |

정면으로 마주본 상태에서 시작을 한다. 1보에서 폴어웨이-포지션을 하고 2보에서 페이싱 포지션 유지 계속 3a4 까지 이어간다. 언더암-턴을 행할 경우는 4에서 손을 들어주면 된다.

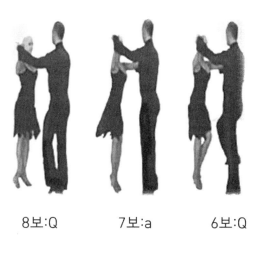

| 8보:Q | 7보:a | 6보:Q |

순서: 1, 2, 3a4, 5a6

5a6 에서 남성은 여성을 남성 기준 오른쪽으로 트리플 스텝을 행한다.
스텝의 방향 및 명칭은 항상 남성을 기준으로 한다는 것을 참고하자.

오른쪽 샤세다. 왼쪽에서 오른쪽으로 이동하는 경우다. 여기서는 마지막 오른발에서 체중을 얹으면서 록-스텝으로의 연결이 이어진다. 남성은 오른발을 축으로 하는 동작이 이어지므로 중심의 연결에 유념해야 한다.

제자리 베이식 무브먼트 - Basic Movement inplaces

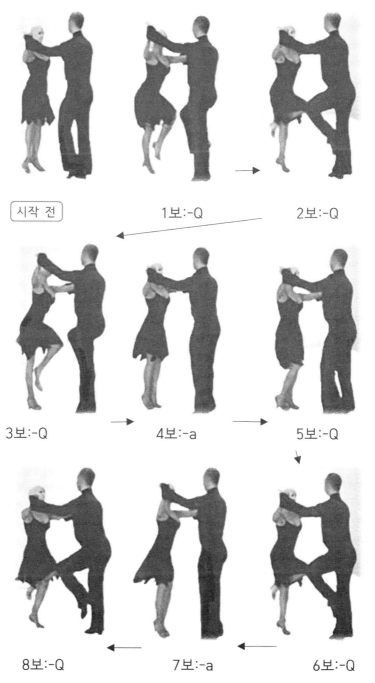

시작 전   1보:-Q   2보:-Q

3보:-Q   4보:-a   5보:-Q

8보:-Q   7보:-a   6보:-Q

베이식무브먼트→폴어웨이록-Fallaway Rock

남성스텝

스타트 포지션이 패턴
의 성격을 좌우한다.

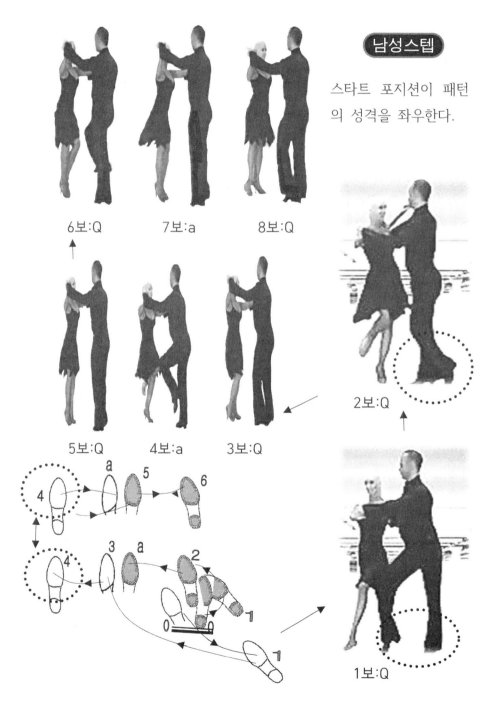

6보:Q   7보:a   8보:Q

5보:Q   4보:a   3보:Q

2보:Q

1보:Q

베이식무브먼트 → 폴어웨이록-Fallaway Rock

여성스텝

여성에게는
향함이 매우
중요하다.

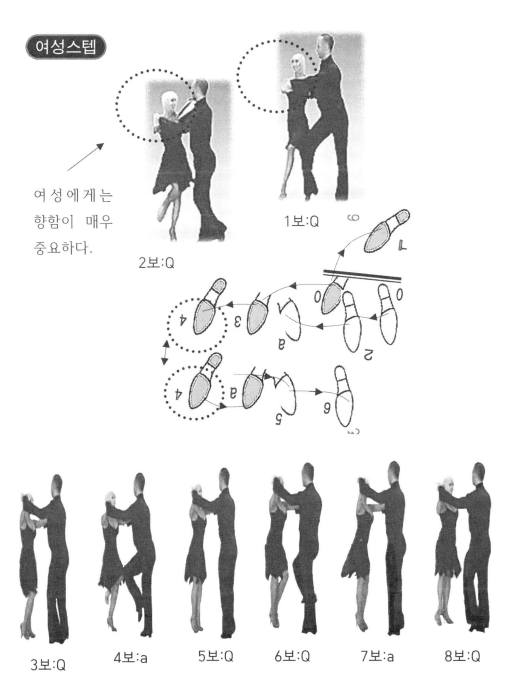

1보:Q

2보:Q

3보:Q   4보:a   5보:Q   6보:Q   7보:a   8보:Q

록턴-베이식 무브먼트 -Rock Turn Basic Movement

베이식 동작에 턴, 즉 회전이 가미된 형태다.

록-스텝을 하면서 회전을 하는데 방향전환에 대한 남성의 신속한 리드와, 이에 상응하는 여성의 발 빠른 대응이 요구된다. 경쾌하고 신나는 리듬에 경쾌한 움직임이 절로 양산되는 베이식이다.

발을 축으로 하여 회전을 한다는 생각으로 임하라. 볼-턴이다.

4/3우회전을 하는 리버스 계열의 피겨다.

일반적으로 왼쪽으로 움직이는 내츄럴 계통보다는 오른쪽으로 움직이는 리버스계열이 흥미가 다양하다.

왼쪽으로 샤세를 행한 후 오른쪽으로 4/3회전을 하면서 행해진다.

순서: 1, 2, 3a4, 5a6-
2회 반복

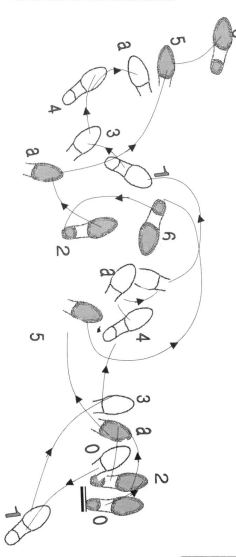

남성스텝

록턴-베이식 무브먼트 -Rock Turn Basic Movement

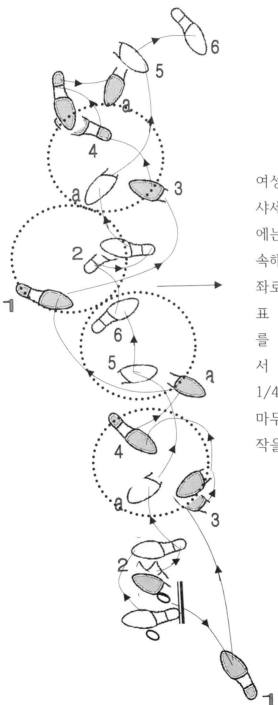

여성스텝

여성은 연속해서 좌회전을 한다. 샤세에서 연속으로 2회 즉 처음에는 좌로 3/8회전, 그리고 연속해서 트리플 스텝을 행하면서 좌로 1/8-1/4 회전을 하며 화살표 방향을 향하면서 다시 1, 2를 행하면서 왼쪽으로 회전하면서 샤세를 행하면서 계속회전 1/4회전량을 이루고 왼쪽으로 마무리 샤세를 행하면서 후행동작을 이어간다.

록턴-서클링 베이식 무브먼트 -Rock Turn Circling Basic Movement

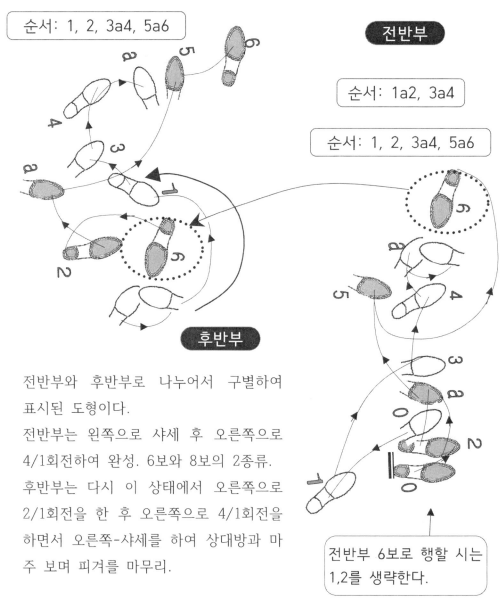

순서: 1, 2, 3a4, 5a6

전반부

순서: 1a2, 3a4

순서: 1, 2, 3a4, 5a6

후반부

전반부 6보로 행할 시는 1,2를 생략한다.

전반부와 후반부로 나누어서 구별하여 표시된 도형이다.

전반부는 왼쪽으로 샤세 후 오른쪽으로 4/1회전하여 완성. 6보와 8보의 2종류.

후반부는 다시 이 상태에서 오른쪽으로 2/1회전을 한 후 오른쪽으로 4/1회전을 하면서 오른쪽-샤세를 하여 상대방과 마주 보며 피겨를 마무리.

주의할 점은 전반부 후반부터 연속으로 이어지는 우회전이 매끄럽게 이어져야 한다.

록턴·서클링 베이식 무브먼트 -Rock Turn Circling Basic Movement

0

1

상급형의 패턴이다. 일반적인 베이식을 2회 연속하여 행하는 경우다. 여성을 축으로 하여 남성이 좌회전 우회전하며 행한다.

여성의 경우도 마찬가지로 남성을 축으로 하여 회전하는 형상을 나타낸다. 결국 서로가 상대방을 축으로 하여 행하는 일종의 회전동작으로 생각하면 쉽게 이해할 수 있다.

1   a   2

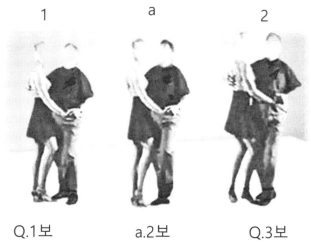

Q.1보   a.2보   Q.3보

1a2 에서는 남성 -좌로, 여성-우로 샤세다. 남성 왼발로 시작, 여성은 오른발로 시작. 여기서는 회전량이나 방향전환이 이루어지지 않는다. 남성과 여성은 각자가 발의 위치에 신경을 써야 한다.

회전이 계속 이루어지는 과정이기 때문이다.

여성은 1.2 에서 왼쪽으로 회전이 연속적으로 더 이루어진다.

남성은 콘텍트한 자세를 계속 유지하며 왼쪽으로 회전하면서 여성을 리드해야 한다.

록턴·서클링 베이식 무브먼트 -Rock Turn Circling Basic Movement

2

3	a	4
Q.4보	a.5보	Q.6보

3에서 여성을 마주 본 자세를 유지하고 여성을 우회전하도록 한 후 폴-어웨이 자세를 유지하도록 한다. 이어지는 피겨 자체는 평범한 것 같아도 전체적인 흐름을 이어가면서 끊어지지 않는 연결 동작을 이루는 것이 중요하다.

4보인 카운트 3에서는 남성의 리드가 까다롭다.

일반적인 생각에는 R-샤세이니 오른쪽으로 리드 할 것이라 생각하지만, 이 경우는 다르다. 남성 오른발 뒤로 후진하면서 여성을 뒤로 후진시킨다. 여기서는 체크-스타일임을 확인해야 한다.

왼발 제자리에서 살짝 당기면서 리드, 왼발을 축으로 함을 기억하자. 6보인 4에서는 오른발을 옆으로, 왼쪽으로 움직임 이어간다.

여성을 보면서 안고 도는 형상이다.

회전 방향은 좌회전. 맨 우측 사진은 카운트 4,와 1, 사이 이루어지는 과정, a로 카운트해도 된다. 도는 과정이다.

록턴·서클링 베이식 무브먼트 -Rock Turn Circling Basic Movement

서클링(Circling)베이식. 동그라미를 그리듯 원의 형태를 이루며 행하는 베이식이다. 상급자들이 응용과정에서 많이 사용하는 베이식. 리드가 순간적이고 정확함이 요구된다. 여기에도 여러 가지 종류가 있으나 서술하는 방법 정도만 알아도 당신은 매우 흡족할 것이다.

Q.1보   Q.2보   Q.3보   a.4보

Q.5보   Q.6보   a.7보   Q.8보

록턴·서클링 베이식무브먼트-Rock Turn Circling BasicMovement

응용되는 피겨가 많으니 다양성에서는 일방통행인 사이드, 록 스타일과는 차이가 많다. 결국은 다 자리 이동이다.

1, 2, 3a4, 5a6-Q, Q, QaQ, QaQ

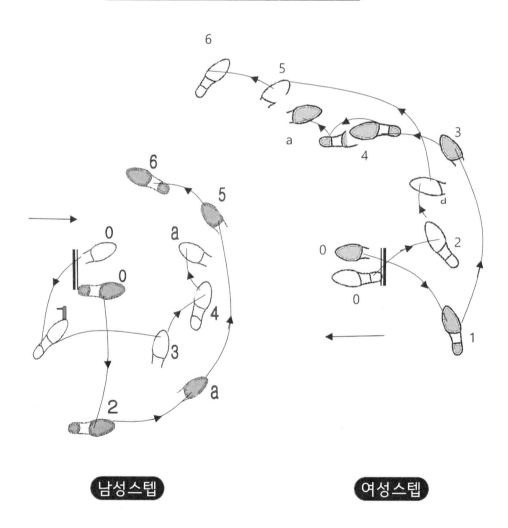

남성스텝   여성스텝

턱-턴 베이식 무브먼트 -Tuck-Turn Basic Movement

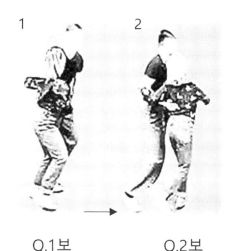

Q.1보   Q.2보

1보에서 남성은 체중을 왼발, 여성은 체중을 오른발에 두고 남성은 여성을 후진하며 우회전하도록 리드한다. **2보**에서 남성은 여성을 3a4에서 좌회전하도록 유도하는 리드를 행해야 한다.

일반적 폴-어웨이 리드는 왼손으로 여성의 오른손을 당기면서 오른손으로 등을 밀어 보내주지만, 여기서는 계속 더블홀드상태를 이어간다.

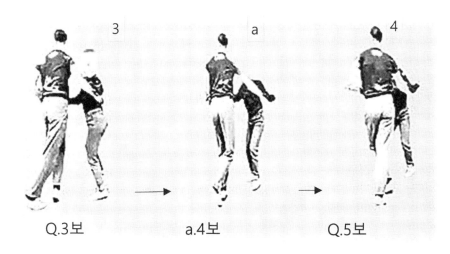

Q.3보   a.4보   Q.5보

3보에서 남성의 리드가 중요하다. 왼발 크로스 전진하며 여성을 좌회전 하도록 왼손으로 당기면서 상체를 틀어 좌회전이 이루어지도록 한다. 강한 CBM이 작동. 여성 역시 마찬가지로 2보 왼발을 축으로 하고 오른발 앞으로 크로스 전진상태를 유지한다.

턱-턴 베이식 무브먼트 -Tuck-Turn Basic Movement

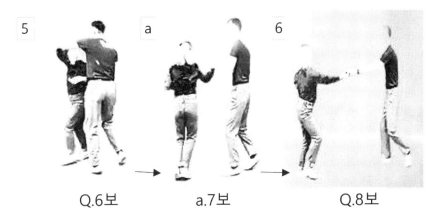

Q.6보   a.7보   Q.8보

홀드상태는 계속 더블홀드 유지. 일단 여성을 정점으로 회전하고 이어서 여성을 회전시킨다는 자세로 임하면 된다.6, 7, 8보는 보통 일반적으로 행하는 폴-스로우 어웨이 마지막 앵커-스텝이다. 남성 오른발, 왼발, 오른발 하여 3보로 이루어지고, 여성은 왼발, 오른발, 왼발 하여 3보로 행해진다.

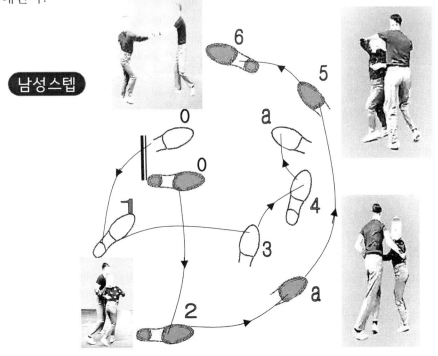

남성스텝

턱-턴 베이식 무브먼트 -Tuck-Turn Basic Movement

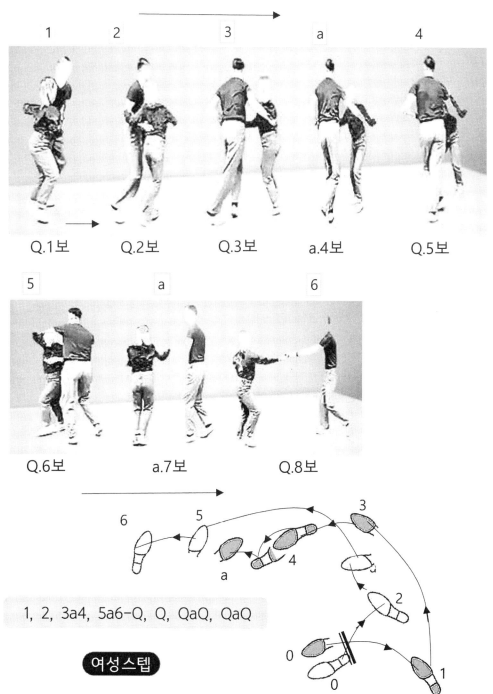

1   2   3   a   4

Q.1보   Q.2보   Q.3보   a.4보   Q.5보

5   a   6

Q.6보   a.7보   Q.8보

1, 2, 3a4, 5a6-Q, Q, QaQ, QaQ

여성스텝

턱턴-활용하는방법-실예

Ⓐ

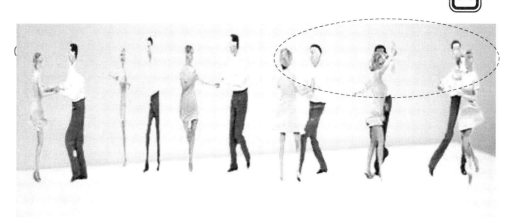

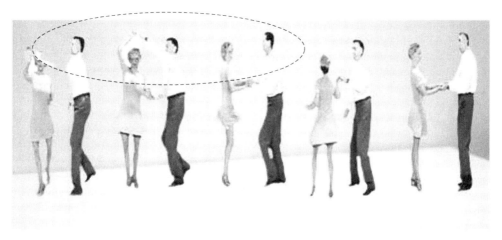

후반부 바운스 사용 훗트웍이다.

◉ 턱-턴 (Tuck-Turn) 이란?

Tuck-Turn 의 리드가 중요한 것이다. 남성이 여성을 턴하도록 하는 방법이 많지만 아마도 그 중 제일 많이 사용하는 방법가운데 하나가 아닌가 생각을 한다. 이에는 여성도 남성이 턱-턴을 활용할 경우 그에 맞추어 받아들이는 요령이 필요하다. 물론 다른 동작을 행할 때도 마찬가지지만 턱-턴의 경우 철저한 대비가 중요. **원 부분 참조**

턱턴-활용하는방법-실예

Q카운트만을 사용하여 진행한다.

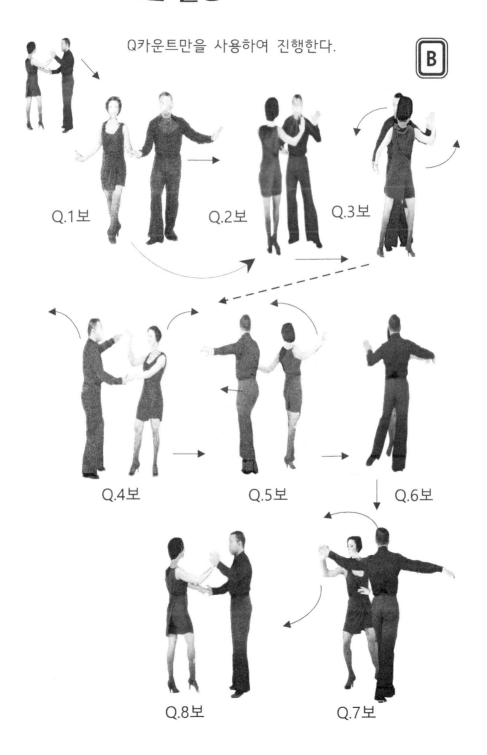

Q.1보   Q.2보   Q.3보

Q.4보   Q.5보   Q.6보

Q.8보   Q.7보

턱턴·컨티뉴·바레이션·연속연결(Continue Tuck Turn)

이에는 행하는 방법이 많은데 발의 보수에 따라 카운트와 방법이 달라진다. 방법과 형식에는 크게 달라지지는 않는데 신속한 동작으로 이어지기 때문에 그에 맞추어 정확한 방법이 필요하다.

남성은 3보와 4보에서 처음 시작 시와 진행방향이 마주보는 형상을 이룬다. 즉 옆으로 나란히 위치하여 여성이 3보에서 1/2회전 하도록 한 후 여성과 나란히 하여 진행을 계속 이어가도록 한다.

4보 동작

남성스텝

여성스텝

턱턴-컨티뉴-바레이션-연속연결(Continue Tuck Turn)

4보 동작

턱턴-컨티뉴-바레이션-연속연결(Continue Tuck

남성과 여성의 진행과정에서 카운트가 달라지는 경우는 종종 나타
난다. 그것은 회전이라는 동작이 중간에 많이 나타나기 때문이다.

6보 동작

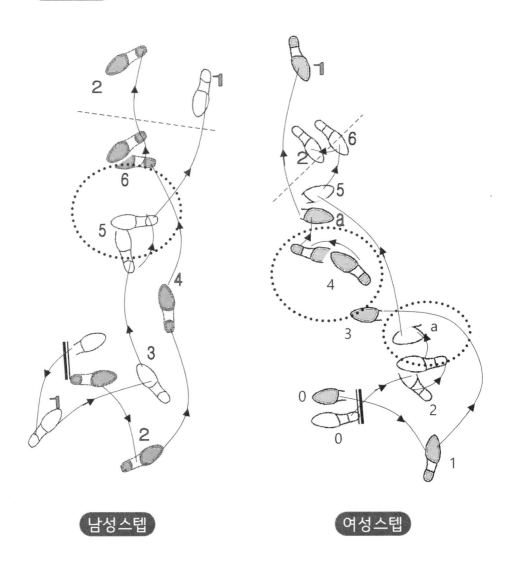

남성스텝   여성스텝

턱턴-컨티뉴-바레이션-연속연결(Continue Tuck

0

1

2

6보 동작

3

4

5

6

위의 4보 동작과 6보의 동작을 살펴보면 4보로 마무리 짓는 것과 6보로 연결하는 것은 앵커의 차이다. 이처럼 같은 패턴이라도 연결하는 방법에 따라 확연히 달라진다. 중간에 a를 삽입하여 사용할 경우는 또 색다른 동작으로 이어진다.

턱턴-컨티뉴-바레이션-연속연결(Continue Tuck

"a"삽입 동작

발의 보수와 진행방향의
상관관계로 이어진다.

여기서 중요한 것은 어떤 부분일까? 여러 조건이 따르지만 천천히 살펴
보자. 남성과 여성을 구분하면서 시작 시 위치와, 끝낸 후 위치 설정에
있어 어디에 위치하는 가? 그리고 회전량 특히 여성의 경우 또 어느 방
향으로 움직이는가를 살펴보아야 한다. 카운트의 변화에 있어 3a4에서
남성이 3,4의 변화 여성도 마찬가지다.5,6에서 또한 a가 삽입, 변화를 줄
수도 있다.

슈가푸쉬-싱코페이션-브레이크—Sugar Push

Q.1보   Q.2보   Q.3보   a.4보

Q.5보   Q.6보   a.7보   Q.8보

전천후로 사용되는 아주 중요한 부분이다. 이것을 제대로 숙지하지 못한다
면 댄스를 한다 말할 수가 없는 사항이다. 왜? 묻는다는 자체가 이상한 일
이다. 변화가 무쌍하다. 기본만이라도 익혀두어야 한다. 여성의 경우는 발 -
동작을 잘 살펴보기 바랍니다.

슈가푸쉬-싱코페이션-브레이크--Sugar Push

순서: 1, 2, 3a4, 5a6

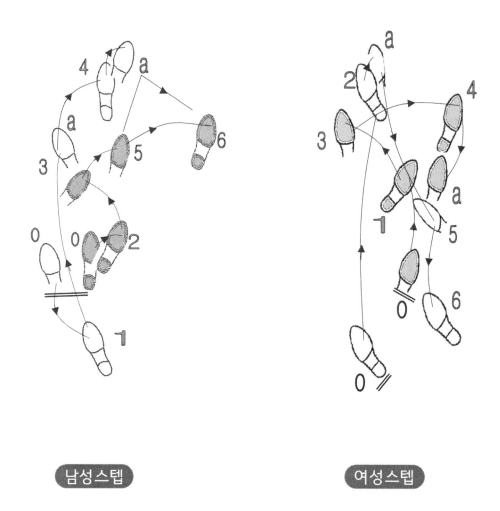

남성스텝   여성스텝

상대방이 거부감을 느끼지 않도록 부드럽게 밀고 당기는 리드다.

남성이 창이라면 여성은 방패인 것이다. 창과 방패의 맞부딪힘이지만
서로가 협력을 하여 같이 밀리고 당기는 것이다. 반발이 조화를 이루는
것이다.

응용 슈가-푸쉬 진행과정

1보: 1-Q ①

서로 같이 밀고 당기는 그런 스타일이 아니다. 창과 방패로 비긴다면 여성은 창이요, 남성은 방패다. 남성 왼발 후진, 여성 오른발 전진이다. 더블 홀드 상태로 이어진다. 원-핸드는 남성-왼손 여성 오른손으로 시작한다.

2보: 2-Q ②

여성 왼발 전진, 남성 오른발 제자리 전진. 상대의 움직임에 따라 가감이 가능하다. (경우에 따라 남성 후진하기도 한다. 여성은 돌진하는 형상이고 남성은 방어하는 형상이 된다. 자연 간격이 좁아질 수밖에 없다. 서로 간의 텐션이 중요하게 작용하는 시점이다. 여성이 더 전진 못하도록 방어.

3보: 3-Q ③

여성 왼발 회전하며 오른발 전진. 남성 왼발 제자리 전진. 탭하는 형상이다. 상대의 움직임에 따라 가감이 가능하다. (경우에 따라 남성 후진위치도 가능하다. 여성은 회전하며 몸을 강하게 틀어 연속움직임이 이어지도록 한다.

응용 슈가-푸쉬 진행과정

4보: a

남성은 체중을 오른발에 얹고 여성을 후진하도록 준비.

여기서 남성이 3보에서 체중을 오른발에 둔 이유가 나온다. 여성은 체중을 왼발로 이동. 후진 할 준비를 한다. 남성은 텐션을 유지하며 버티기 작전이다. 밀리면 안 된다. 서로 간의 반발력을 이용.

5보: 4-Q

남성 왼발 옆으로 체중 왼발에 얹고 여성 오른발 후진하도록 리드. 여성은 텐션 유지하며 후행 왼발을 이동 하므로 움직임을 중지해서는 안 된다.

여성 비스듬히 전진. 왼발에 체중을 얹고, 오른발 탭하며 체중 이동. 남성과의 텐션을 유지한다. 남성은 체중을 오른발에 얹고 왼발을 비스듬히 후진하며 옆으로. 체중을 왼발에 둘 것이 아닌가? 생각할 것이다. 체중 없이 이동한다.

6보: 5-Q

남성 오른발 왼발 뒤로 크로스 하며 체중을 오른발로 이동한다. 여성은 왼발로 체중을 이동하며 약간 옆으로 서로 간 스웨이가 작용. 여성은 왼쪽, 남성은 오른쪽.

크로스 활용의 중요성

7보: a   (a)

남성 크로스 상태 풀며 체중을 왼발에 얹고, 후행할 준비를 한다. 여성은 오른발 왼발 옆으로 체중이동, 또는 오른발을 왼발 앞으로 크로스, 체중이 얹힌 오른발의 탄력으로 후진하며 8보에서 왼발 후진하며 마무리 하기도 한다.

8보: 6-Q   (6)

남녀가 각각 마무리하는 단계다. 남성은 오른발, 여성은 왼발에 체중을 얹고 스텝을 종료한다.
더블-홀드로 이어가기도 하고 남성 왼손, 여성 오른손 하여 원-핸드 홀드로 진행도 한다.

여기에서 제일 중요한 점은 크로스를 활용하여야 한다는 것이다.
일반적으로 샤세하면 주로 좌우만을 주로 활용하는 것을 원칙으로 하는 잘못된 사고방식을 고쳐야 한다는 점을 상기하여야 한다. 초보적인 수준을 벗어나는 지름길이다.

제 2 장

실전기본 응용

✤ 리드 앤 폴로우
(Lead & Follow)

❖ 리드앤폴로우

푸시-Push란 민다는 것을 말한다. 밀어붙이는 것인데 상대적으로 당김도 있어야 한다. 당기는 것은 남성이 하는 것이 아니라 여성이 밀어붙임으로 인해 남성은 당기는 형상이 이루어진다.

남성은 의도하지 않은 당김 동작을 얻는 것이다. 반작용으로 남성은 다가오는 여성을 밀쳐내는 작용으로 반응한다. 이것이 푸시다. 싫어서 미는 것이 아니라 다가옴이 반가워서 적당히 다가오라는 의미다.

충돌은 피하자는 뜻이다.

현재 자이브를 배우는 과정에서 제일 취약점으로 드러나는 부분이다.

점핑-자이브에도 있으나 너무 단순해 그 맛이 덜하다는 의미다.

실질적인 자이브를 구사함에 있어 스윙, 린디홉, WCS 등 여러 방식으로 행하는 데에도 적용가능하다.

찰스턴 역시 이러한 패턴을 익힌다면 쉽게 이해할 것이다.

기억하기 편하게 **삼각형의 형태**를 이룬다고 생각해보자.

시작하는 방법은 구사하는 스타일에 따라 달라지니 여러 형태를 참고로 알아보자.

진행방법의 차이

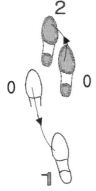

현재 국내에서는 여성 스텝이 A로 판에 박은 듯 변함이 없다. 물론 기본적인 과정에서 익히는 것은 이해가 가지만 무엇인가? 문제점이 많이 노출된다. 그렇다면 그 근거는 무엇인가? 그 논리의 타당성은 어느 정도인가?

피겨의 예를 들어 설명을 해보자.

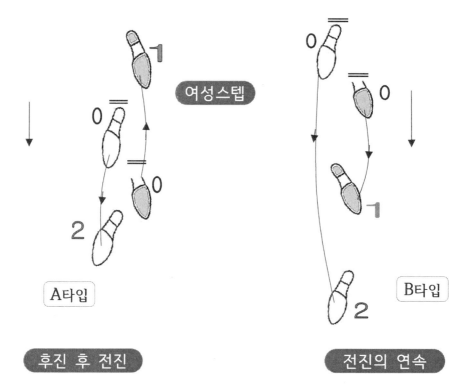

여성스텝

A타입   B타입

후진 후 전진   전진의 연속

여성의 경우 A, B로 시작하는 방법으로 크게 나누어지는데 남성의 리드가 차이가 난다. A의 경우는 밀고 당기는 형태로 나타나나,
B의 경우는 당기면서 리드를 행한다. 전진하도록 유도하면 된다.
손목을 좌우로 약간 돌리듯 방향을 유도하며 리드한다.

리드앤폴로우의 방법 비교-베이식 인플레이스

서 있는 자세 그 자체도 리드와 폴로우가 시작된다. 남성은 오른발에 체중을 얻고 왼발로 진행할 준비를 하고, 여성은 왼발에 체중을 얻고 오른발로 움직일 준비를 한다. 서로-간에 체중을 얻고 중심을 유지하는 그 자체가 리드가 된다. 정확한 홀드상태를 유지한다는 자체가 기본적인 힘이 가미된다. 이미 서로 손에서 전달되는 힘의 안배가 전달된다. 힘으로 밀고 당기면서 버틴다.

남성은 오른발에서 체중을 왼발로 이동한다.
여성은 왼발에서 체중을 오른발로 이동하며 다음 동작을 준비한다.
남성의 리드는 범위가 어깨 범위 간격-내에서 힘을 오른쪽에서 왼쪽으로 이동한다. 거리의 이동이 없이 제자리에서 힘의 이동이라 얼핏-보면 아무런 움직임도 없이 보일 수 있다.

남성은 왼발에서 오른발로 체중을 이동한다.
여성은 오른발에서 왼발로 체중을 이동.
"Q"카운트에 맞추어 이동을 한다.
완전 정지 상태가 아닌 지속적인 정지 상태다.
카운트의 변화에 따른 움직임을 이해한다는 것이 필요하다. 정중동적인 움직임이다.
초보 단계에서는 단순한 골반의 움직임이다.

리드앤폴로우의 방법 비교-베이식 인플레이스

여기에서 약간의 카운트에 대한 인식이 필요하다. 3,4,5보는 QaQ 3보로 1박자를 이룬다.
앞선 1,2보는 반박자로 Q,Q 이나 여기서는 다르다. 박자의 길이 차이가 나타난다.
3/8박자다. Q보다 1/8이 길다. 단순한 쿵-짝이 아니라 단-따 하면서 4보와 합쳐서 Q을 이루어야 한다. 예민한 사항이다. 처음에는 까치발을 한다 생각하면 쉽게 극복이 된다.

남성 오른발, 여성은 왼발에 체중을 얹는다.
3보와 합쳐서 반-박자를 형성한다. 1/8-박자 길이다. 쩔뚝거리는 형상이다.
체중을 약간 늦춘 채 동작이 이어진다.
체중을 이동시 선행-발을 시작부터 들지-말고 순간적인 발의 끌림이 있으면서 순간적인 이동이라 생각하면 된다. 체중을 얹은 채 자세를 낮춘 것이라 생각. 일어서면 안 된다.

일시적인 정적인 흐름을 이어간다. 잠시 잠깐 쉬는 시간이다. 샤세를 행하면서 약간의 휴식을 취하는 시간이다. 순간적이다.
서로-간 자세와 흐름을 점검하는 시간이다.
다음 동작의 연결이 노선을 변경하기도 하는 귀한 타임이다. 무엇을 할 것인가? 지속적인 연결이 제일 무난하나 숙달되면 다른 동작이다. 하수와 상수의 차이가 나타난다.

리드앤폴로우의 방법 비교-베이식 인플레이스

남성은 왼쪽 샤세, 여성은 오른쪽 샤세.
요령은 선행 샤세와 동일하다. 여기서 요구되는 사항이 있다. 초보과정은 힘들지만 쇼울더 리딩이 첨가된다면 더더욱 리드가 정확해진다. 템포가 빠르므로 힘들다 생각할 수도 있지만 그리 힘든 사항은 아니다. 잠깐 수고하면 된다. 여기에 적당한 스웨이가 추가된다면 금상첨화다. 긍극적인 사항이다.

이 단계에서는 마무리로 들어가는 과정이다.
힘의 안배가 필요하다. 리드를 행하고, 전해지면서 서로가 다음 스텝을 준비하는 것이다.
지속적인 흐름이라도 연결되는 강도가 달라진다. 비축하는 과정인가 내려가는 과정인가 구별이 필요하다. 운전에서 정차하기 위해 브레이크를 나누어 밟는 과정이다. 확실한 표현이다. 서로가 조절하는 것이다.

종착역이다. 다시 시작-전의 상태로 들어간다.
제자리 베이식은 체중이동과 짧은 공간에서의 리드의 전달이다. 스타카토 동작을 연습하는 과정이다. 리드의 간격이 짧아지는 것이므로 파워의 전달에 있어서 시작을 함과 동시에 마무리 한다는 마음으로 짧게-짧게 리드한다.
남성은 오른발, 여성은 왼발에 체중을 얹고 마무리 한다.

리드앤폴로우의방법-좌,우이동

샤세의 리드-(남성)오른쪽, (여성)왼쪽 샤세의 경우

1보-Q ⟶ 2보-a ⟶ 3보-Q

자이브는 샤세의 활용이다. 샤세를 행할 시 먼저 좌우로 이동을 한다. 샤세의 종류가 많으므로 방향이 중요하다. 지금은 옆으로의 이동이다. Side-Togather-Side의 원리에 따라 각 발을 이동하며 체중을 얹는다.

일반적인 개념으로 본다면 왼쪽으로 갈 때는 왼쪽으로, 오른쪽으로 이동할 시는 오른쪽으로 리드를 하는 것이 정도다. 물론 당연한 논리다. 맞는 답이고, 순리다. 중요한 것은 그 과정이다. 전체적인 흐름은 가고자 하는 방향으로 이동하는 것이 맞다.

시작은 항상 가고자 하는 방향과는 반대가 된다. 사진에서 보듯 1보에서 남성과 여성의 몸이 왼쪽으로 움직인다. 아! 왼쪽으로 이동하는 샤세-구나 한다면 틀린 것이다. 왜? 리드의 기본은 텐션이 갖추어져야 한다. 그저 말로만 텐션-하는 것이 아니다.

모든 리드는 텐션이 이루어진 상태에서 시작이 되는 것이 정답이다. 텐션이 준비된 상태에서 방향을 정하는 것이다. 어디로 갈 것인가? 리더의 뜻이다. 상대방이 감지하는 범위 내에서다. 벽을 손으로 밀어야 탄력으로 이동하듯 그 반동을 이용하는 것이 리드다. 시작은 왜 반대 방향인가 이해가 갈 것이다. 왼쪽-샤세의 경우는 반대로 생각하면 된다.

리드앤폴로우의 방법-❶전진과❷전후진

전, 후진의 리드-남성(전진), 여성(후진)경우

3보-Q ◀── 2보-a ◀── 1보-Q

1보-Q 남성의 리드가 강하게 들어간다. 여성의 뒤로 후진하는 상태를 보면 자연 알 것이다. 여성 또한 강한 동작으로 팅기듯 뒤로 후진한다. 남성 오른발 전진하며 샤세-를 행한다. 전진 샤세. 남성은 체중 오른발, 여성은 체중을 왼발에 얹는다.

2보-a 남성의 리드가 약하게 들어간다. 여성의 뒤로 후진하는 상태를 보면 자연 알 것이다. 거의 발이 모아지는 형태다. 여성 또한 반동에 의한 탄력으로 뒤로 후진한다. 남성 왼발 전진하며 샤세를 행한다. 모아지는 자세다.
남성은 체중 왼발, 여성은 체중을 오른발에 얹는다.

3보-Q 남성의 리드가 중강 . 여성을 뒤로 후진시키고 정지 상태유도. 마무리 형태다. 여성 또한 반동에 의한 탄력으로 뒤로 후진한다. 남성 오른발 전진하며 샤세를 행한다.푸시와 브레이크 동시연결. 남성은 체중 오른발, 여성은 체중을 왼발에 얹는다.

시작 진행은? 어떻게?

보통 일반적으로 록스텝을 행하는 과정이다. 물론 오픈 상태이다. 무엇이 문제일까? 사진을 보면 답이 나올 것이다. 여성이 잘 보이지 않는다. 여성은 전진할까? 후진할까? 남성 또한 전진할 것인가? 후진할 것인가? 일반적으로 록, 락 하는데 이는 영국식, 미국식 발음의 차이다.

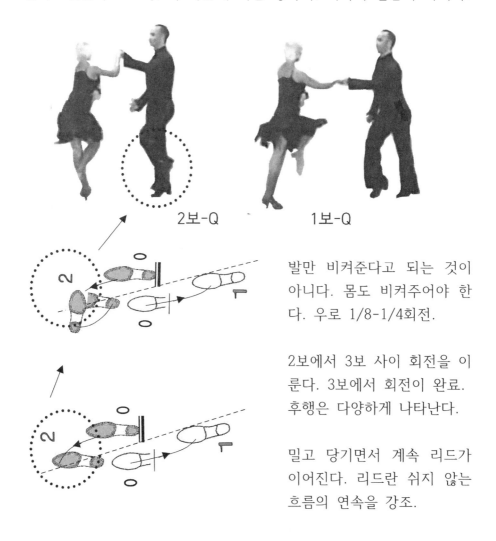

2보-Q   1보-Q

발만 비켜준다고 되는 것이 아니다. 몸도 비켜주어야 한다. 우로 1/8-1/4회전.

2보에서 3보 사이 회전을 이룬다. 3보에서 회전이 완료. 후행은 다양하게 나타난다.

밀고 당기면서 계속 리드가 이어진다. 리드란 쉬지 않는 흐름의 연속을 강조.

알기쉬운 언더 암-턴(Under Arm Turn)

시작하는 방식에 따라, 어떠
한 자세를 취하면서 행하는
가에 따라 접두어가 사용되
는 것이다. 한 동작 한 동작
살펴보면서 익히는 것이 큰
도움이 되리라 생각 합니다.
사진은 폴어웨이 방식의 언
더-암-턴입니다.

2보 ← 1보

5보 ← 4보 ← 3보

8보 ← 7보 ← 6보

스타트 스텝-(Start Basic Movement)

음악은 흐르고 춤을 출 파트너는 앞에 있는데 과연 어떻게 시작을 할 것인가? 시작해야 하는데 남성이 망설이고 있다. 박력있는 리드가 제대로 이루어지지 않는다! 여성 왈! 뭐 하는 겁니까?--------

남성이 리드하는 사이 여성이 타이밍을 놓친다?

밀어주면 받아치는 리드가 나와야 하는데 맥없이 밀린다?

어떻게 설명을 할 것인가?

배울 때는 잘 되었는데!-----

서 있는 상태도 위치가 남성의 시야를 가린다! 어쩔거나!

실제로 종종 일어나는 일이다. 대충 얼렁뚱땅 넘어간다.

일단 보내고 보자 손들어 보낸다. 그 다음은?--------------

일단 음악에 맞추어 기본 카운트를 한다.

좌우 스웨이를 하면서. 5, 6, 7, 8 보통 흔히 하는 예비 카운트다. 확인하고 시작-------

❶ 1a2, 3a4

폴 어웨이 록을 기준으로 설명을 하자.

남성은 왼쪽 샤세, 그리고 오른 쪽 샤세를 행한다.

폴어웨이 록을 기준으로 카운트를 보면 3a4, 5a6 이다. 그리고 1, 2 록 스텝을 필두로 피겨를 행한다. 가장 보편적이고 많이 행하는 방법이다.

❷ 1, 2

록-스텝을 시작으로 출발. 물론 더블홀드 상태다. ❶, ❷ 마찬가지.

❸ 1, 2, 3a4----

오픈 상태에서 시작하는 경우. 원핸드— 홀드를 예로 들어보자. 더블-홀드도 가능하다. 후진 후, 전진하도록 할 것인가?

1보, 2보 여성이 전진하면서 하도록 리드할 것인가?

링크·록 스타트 -트리플 스텝 스타트 (Tripple Step Start)

평양감사도 내가 싫으면 그만이다. 각자의 선택의 몫이다. 이 방법은 클로즈홀드 상태, 오픈 상태로 이어가며 연결하는 방법이다. 개별적인 리드 방법이 아닌 복합적인 방법이다. 어찌 보면 제일 "합리적인 방법이다." 라고도 볼 수 있다.

순서: 1a2, 3a4 | 순서: 좌우, 전후의 활용이다.

샤세는 일반적으로 런닝(Running), 록(Lock), 제자리(Inplaces), 옆으로(Side)-기본형식, 응용은 차후로 합니다. 아주 초보적인 좌,우-샤세에만 몰입은 구태입니다.

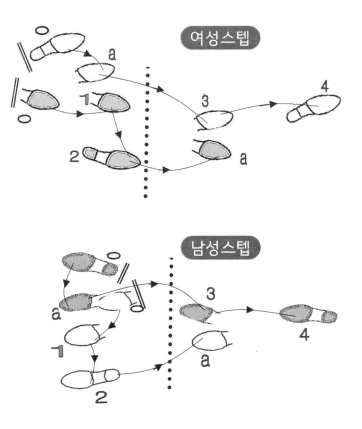

초보과정--가장 바람직한 시작방법

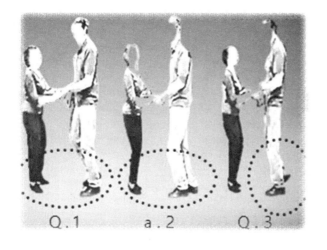

1 a 2

	남성	여성
1	왼발	오른발
	왼-옆으로	오-옆으로
a	오른발	왼발
	왼-옆에	오-옆에
2	왼발	오른발
	왼-옆으로	오-옆으로

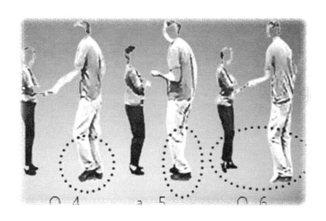

3 a 4

	남성	여성
3	오른발	왼발
	뒤로	앞으로
a	왼발	오른발
	오-옆에	왼-옆에
4	오른발	왼발
	뒤로	앞으로

스텝이 익숙하여 이제는 훗트-웍도 어느 정도 감이 잡히는 시점이다.
음악도 귀에 잘 들리고 몸의 움직임도 자연스러워지기 시작한다.
이제부터는 밀고 당기면서 진행을 한다. 어떻게 할 것인가? 어느 정도
망설임도 생기지만 과감성이 필요하다. 잘하려고 하지마라 즐겁게 움직
이며 즐긴다는 자세면 충분하다. **가벼운 볼 체인지다.**

.시작이 반이다-이것만 알고 행하면 성공

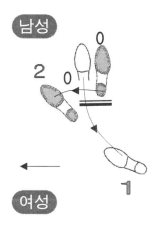

여성의 왼편에 위치하고 여성을 좌회전 하면서 움직이도록 유도한다. 남성 역시 좌회전을 하면서 여성을 리드한다. 주로 서클링 베이식에서 많이 사용한다. ➡ 방향의 선정에 유의해야 한다. 시작 시의 위치를 정점으로 서로가 원을 그리며 돌듯 회전하는 형상을 이루는 피겨.

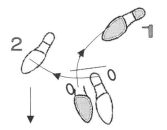

➡ 바람개비가 도는 형상을 생각하면 된다. 회전량과 방향은 항상 서로 유기적인 관계로 이어진다. 회전량이 많다는 것은 그만큼 방향전환이 심하다는 설명이다.

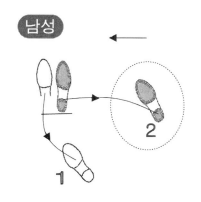

구사자의 능력에 따라 회전량이 조절되는 것은 당연하다. 한 번에 행할 것을 두 번으로 나누어도 어떤가? 오히려 지나친 욕심이 실수를 만들어낸다.

알기쉬운 가리워진 테크닉

여성

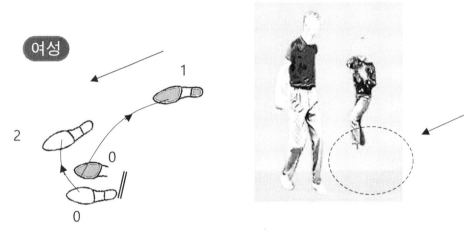

남성은 왼손으로 여성의 오른손을 잡고 시작한다.

여성은 남성의 뒤쪽으로 전진하며 진행한다. 후행은 여러 형태로 변화한다.

초심자들은 행하기 어려운 기본 동작이다. 어느 정도 기본적인 베이식이 숙달된다면 능숙하게 할 수 있을 것이다.

남성

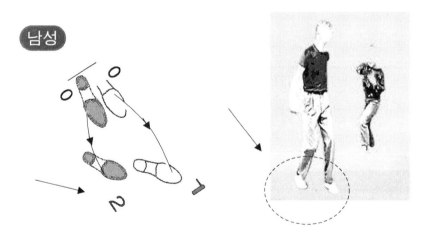

기본적인 형태의 베이식이다. 훗트-워크를 알고 나면 제일 먼저 행해지는 과정이다. 숙달이 되면 될수록 재미를 더할 것이다.

상급의 스타트 스텝 (Start Basic Movement)

기본적인 정적인 움직임보다 동적인 움직임을 강조하는 스타트 스텝이다.
스텝 자체는 커다란 변화는 없다. 단지 중요한 것은 남성의 방향 선정과,
리드가 단순하지 않다는 것이다.

리드란? 쉽게 생각하면 밀당이다.

과연 어떻게 해야 상대방이 편하고 손쉽게 움직이고 행동하는가?

여기서는 남성과 여성의 차이가 무엇인가를 알아야 한다.

자이브의 핵심은 스리스텝의 활용이다.

구성원리, 활용원리를 알면 쉽게 할 수가 있다. 트리플(Tripple)활용이다.

❶ 간격을 확실히 하라.- 구성원리

모으고, 옆으로 벌려라. 회전이 있어도 마찬가지다.

❷ 좌우샤세는 아주 기초적인 기본에 불과한 것이다.-활용원리

크로스를 활용하라.

❸ 응용 트리플은 1,2를 숙달한 후 사용하라.

여러종류의 상급 스타트의 일부분

오프닝 아우트 스타트 (Openning Out Start)

클로즈 상태에서 시작, 밖으로 오픈 상태를 이룬다. 사진과 같이 남성 오른손 여성 왼손이므로 영역이 훨씬 넓어지는 것이다.

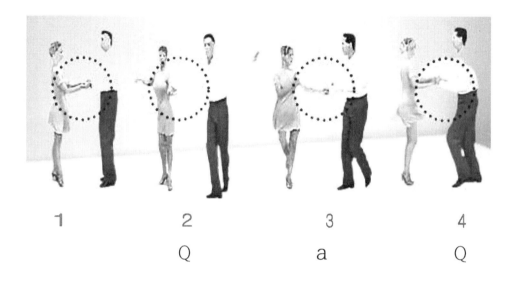

| 1 | 2 | 3 | 4 |
| | Q | a | Q |

1	시작 시의 홀드 상태이다. 남성은 체중을 오른발에 얹고 시작할 준비를 한다. 여성은 체중을 왼발에 얹고 시작하며 남성의 리드에 따른다.
2	남성은 왼발을 뒤로 체중을 이동한다. 여성은 뒤로 이동하며 체중을 오른발에 얹는다. 이때 각자의 회전량은 보통 1/4을 기준으로 한다. 카운트는 Q이다.
3	진행중 2와, 4의 중간 과정이다. 여기가 중요하다. 일반적으로 2와 4의 과정만을 생각하는데 중간에 a라는 과정이 들어가야 생동감과 활동성이 풍부해진다. 참고할 것은 Q, Q--Q, a, Q과 동일하다는 것이다. 카운트는 a이다.
4	1과 동일한 자세이나 다른 점은 1은 링크를 들어가야 하고, 4는 링크가 끝난 상태라는 것이다. 4는 바로 다른 후행으로 이어진다. 카운트는 Q이다.

트리플 스텝 스타트 (Tripple Step Start)

사진 설명 참조

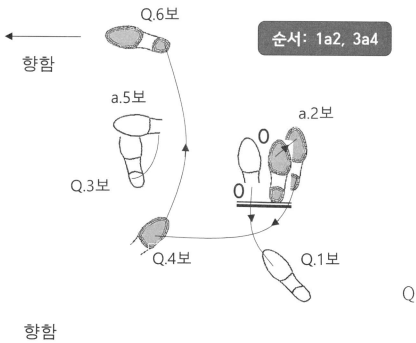

순서: 1a2, 3a4

Q.6보

향함

a.5보

a.2보

Q.3보

Q.4보

Q.1보

Q

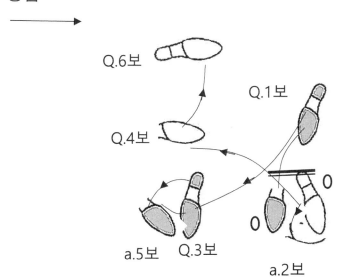

향함

Q.6보

Q.1보

Q.4보

a.5보　Q.3보

a.2보

스로우 아웃 - **Throw-Out**

남성스텝   런닝(Running) 스타일

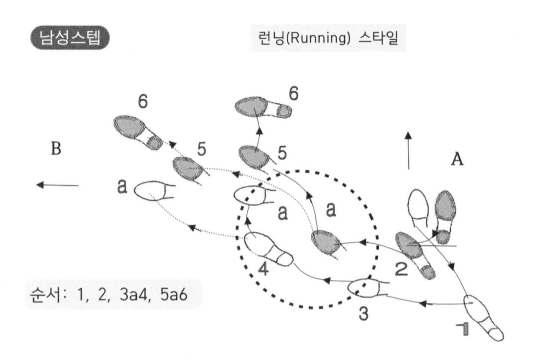

순서: 1, 2, 3a4, 5a6

로킹(Locking)
스타일

진행방향   시작방향

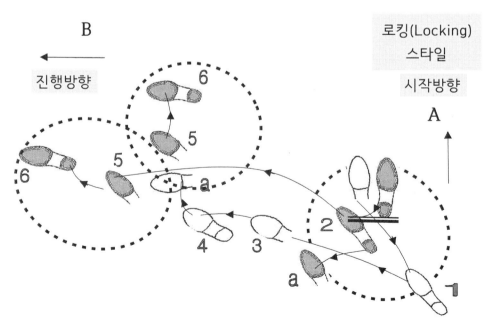

댄스에서움직임은어떤의미일까?

무브먼트다. 힙의 움직임, 허리의 움직임 상태의 움직임 등 모든 움직임이 쉬어서는 안 된다는 것이다. 물론 부분적으로 작용한다. 디디는 발에 체중만 확실히 얹으면 일단 성공이다.

8보

7보

2보

1보

6보

여성스텝

5보

4보   3보

체중 이동이 곧 몸의 움직임으로 이어진다. 쏠림이다. 기울임이란 스웨이-Sway로 이어진다.

로킹스타일의 비교와 방법

여성스텝 → 오른쪽으로 방향전환

순서: 1, 2, 3a4, 5a6

A 스타일

B 스타일

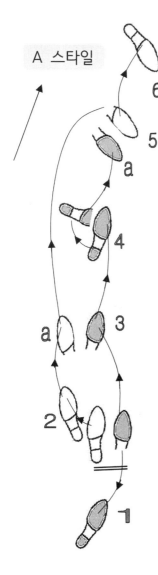

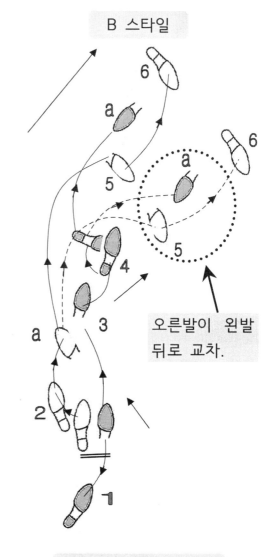

오른발이 왼발 뒤로 교차.

기본적인 스타일

크로스(록킹) 스타일

1보:-Q   1보:-Q   1보:-Q

턱-스핀-Tuck Spin Turn-초급과정

똑같은 위치에서 시작하더라도 구사하는 스타일에 따라 결과는 달라진다. 앞, 뒤라는 차이, 방향을 설정하는 방법에 따라 리드하는 입장과 리드를 받는 입장은 판이하게 달라진다. 그것이 묘한 것이요, 테크닉. 앞의 설정과 무엇이 다른 가? 살펴보자. 남성 4에서 턱-턴 리드를 행한다. 손을 안 들 경우 스핀-리드 한다.

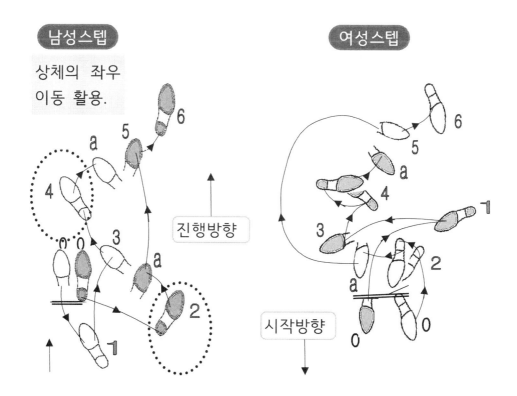

턱 동작에 있어 중요한 것은 특히 상체의 좌우 이동이 원활하고 신속하게 이루어져야 한다는 것이다. 좌우의 비틀림 이라는 표현을 하기도 한다. 발동작에도 신경을 쓴다. 볼을 이용한 회전 동작을 정확하게 한다. 손동작은 스타카토 동작이 사용된다. 몸과 동시에 균형을 이루며 이루어진다. 단순한 발동작은 걸음마 연습일 뿐이다.

턱-스핀-Tuck Spin Turn-중, 상급용

여성의 회전방향과 회전량을 잘 살펴야 한다.
회전이 시작되는 부분을 집중해 보고 회전량을 살펴보자.

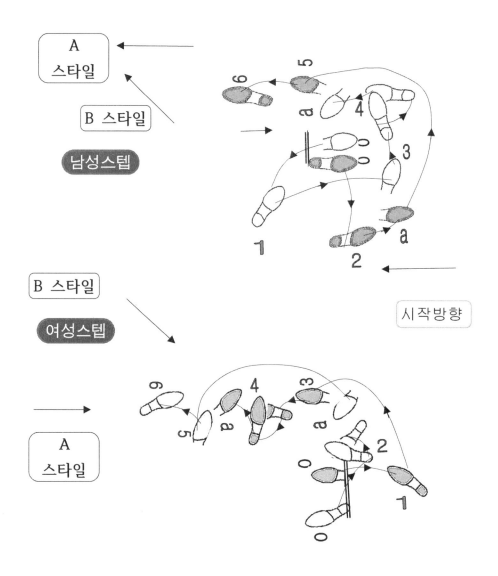

시작시의 위치, 진행중의 방향, 끝낸 후의 위치 확인.

턱-스핀-Tuck Spin Turn-구분동작

기본 상급 리드의 첫걸음

남성

왼발 뒤로 후진. 체중을 얹는다. 왼쪽으로 1/8

오른쪽으로 회전을 할 준비를 한다.

여성을 왼쪽으로 리드하기 위한 공간 확보와 여성의 진로를 정해주기 위한 방법.

여성

체중을 오른발로 이도하며 오른쪽으로 1/8-1/4회전량을 조절한다.

남성

오른발 우로 돌며 후진. 체중을 얹는다. 오른쪽으로 1/4. 자세를 취한 후

왼쪽으로 회전을 할 준비를 한다.

여성을 왼쪽으로 리드하기 위한 공간 확보, 여성의 진로를 정해왼쪽으로 회전하도록 한다.

여성

체중을 왼발로 이동하며 오른쪽으로 1/8-1/4 회전량을 조절한다. 거의 시작 시 위치 유지.

핵심은 1보와 2보에서 이루어진다.

여기서 잘되면 편하게 진행된다. 시작이 반이다. 위치와 방향이 올바르게 정해져야 그 다음 동작들이 정확하게 연결된다.

턱-스핀의 핵심 타이밍

남성

왼발에 체중을 얹고. 여성이 회전을 편하게 하도록 도와준다.
여성이 왼쪽으로 몸을 틀어 회전 하도록 리드.

여성

체중을 오른발로 이동하며 왼쪽으로 회전.
회전량을 조절한다. 거의 시작 시 위치 유지.

남성

왼발에 체중을 유지하며, 오른발로 체중을 이동.여성이 회전을 편하게 하도록 리드.(당김)
여성이 왼쪽으로 몸을 틀어 회전 하도록 리드.

여성

체중을 왼발로 이동하며 오른쪽으로 회전준비.
회전량을 조절한다. 거의 시작 시 위치 유지.

남성

오른발에 체중을 유지하며, 리드를 이어간다.
여성이 회전을 편하게 하도록 리드.(틀어준다)
여성이 오른쪽으로 몸을 틀어 회전 하도록
리드.

여성

체중을 오른발로 이동. 오른쪽으로 회전.
회전량 조절한다. 강한 회전이 들어간다.

턱-스핀의 핵심 타이밍

남성

오른발로 체중을 유지하며, 리드를 이어간다.
여성이 회전을 편하게 하도록 리드.(돌려준
다)여성이 오른쪽으로 몸을 계속 회전하도록
리드.

여성

체중을 왼발로 이동, 오른쪽으로 회전.
회전량 조절한다. 연속 회전이 들어간다.

남성

왼발에 체중을 유지하며, 리드를 이어간다.
여성이 회전을 편하게 하도록 리드.(돌려준
다)여성이 오른쪽으로 몸을 계속 회전하도록
리드.

여성

체중을 왼발로 이동, 오른쪽으로 회전.
회전량 조절한다. 연속 회전이 들어간다.

남성

오른발에 체중을 유지하며, 리드를 마무리
한다.여성이 회전을 끝내고 중심을 편하게
유지하도록 리드. 여성이 오른쪽으로의 회
전을 마무리.

여성

체중을 왼발로 이동,
오른발로 다음 동작을 이어갈 준비.

윕-스로우 아웃 - Whip-Throw Out

좌, 우 크로스를 이용한 샤세의 활용이다. 윕에서 6, 7보를 생략한 형태로 생각하면 간단하다. 스윙이나, 린디-홉, WCS 등에서 사용하는 기본 패턴이라고 생각하면 된다. 이것이 숙달되면 다른 종류의 패턴에도 쉽게 적응이 가능하다. 좀 더 다양하고, 신속하고, 박력-있는 자이브를 구사할 수 있게 되는 것이다. 어차피 다 같은 부류의 댄스나, 각각의 개성이 뚜렷하므로 구별은 있어야 할 것이다. **카운트에 따른 변화가 다양하다.→방향주의**

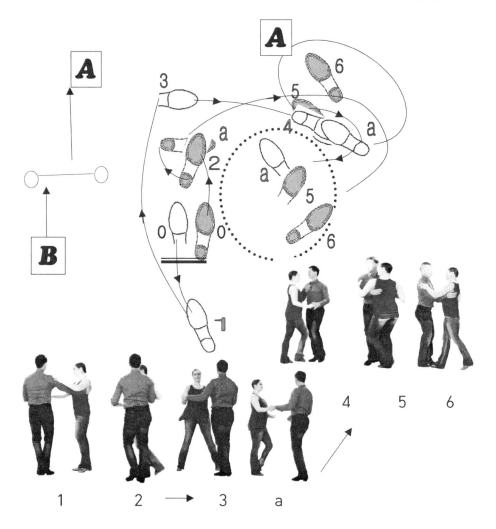

윕-스루우 아웃 - Whip-Throw Out

약간의 방향 차이가 무슨 영향이 있을까? 당신의 개인적인 생각입니다. 매우 지대한 차이가 발생합니다. 알고 추는가, 모르고 추는가의 차이로 당신의 댄스가 달라집니다.

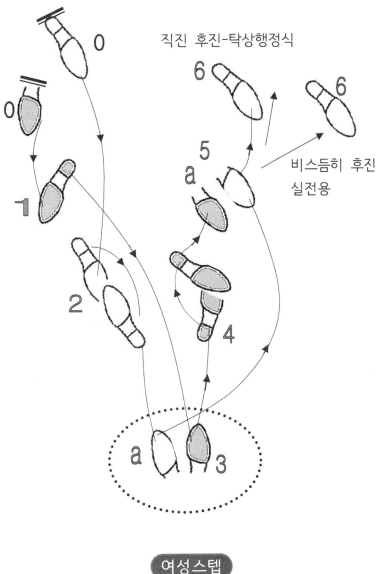

직진 후진-탁상행정식

비스듬히 후진
실전용

여성스텝

윕-스루우 아웃 - Whip-Throw Out

여성의 경우 전진 록 스타일을 적어 보았다. B.P.M 속도가 낮을 경우, 혹은 정상적인 자이브 리듬에 맞추어 추더라도 항상 적용된다. 전진 록 스타일은 슬로우 비트, 블루스 템포 정도에서도 얼마든지 맛깔스러움을 나타낼 수 있다. 구사자에 따라 약간씩 차이는 있으나 기본적인 형태를 알아보자.

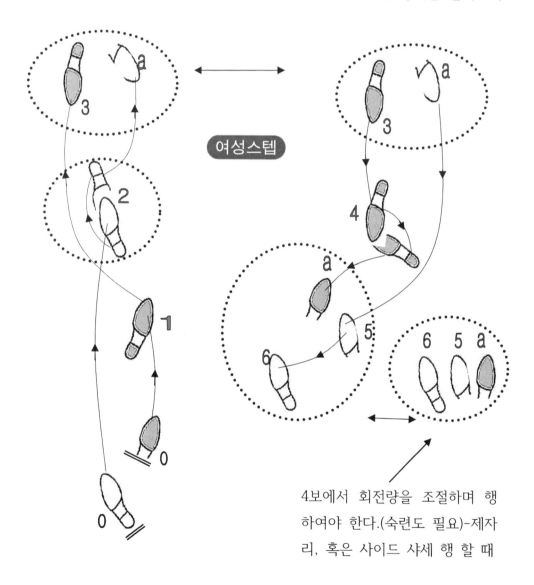

4보에서 회전량을 조절하며 행하여야 한다.(숙련도 필요)-제자리, 혹은 사이드 샤세 행 할 때

상급자용 기본 윕-드로우 어웨이

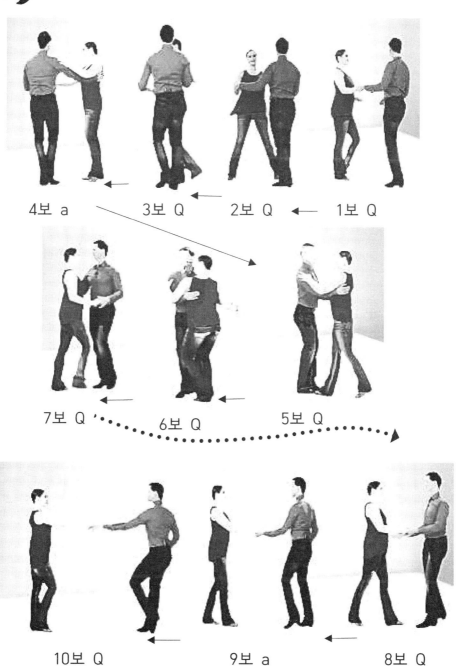

4보 a   3보 Q   2보 Q   1보 Q

7보 Q   6보 Q   5보 Q

10보 Q   9보 a   8보 Q

턱턴-Tuck Turn 아주 기본적인 진행과정이다.

A타입 ◀ 1보 ▶ B타입 　　　 2보

1, 2에서 여성은 전진스텝을 행한다. 남성은 제자리에서 왼발, 오른발 차례로 체중을 이동하며 여성을 전진하도록 당기면서 리드. 여성은 2에서 회전 후반부에, 3보로 연결, 방향은 1/2 우로 여성은 2에서 회전 후반부에, 3보로 연결, 방향은 1/2 우로

기본적인 자이브 순서: 1, 2, 3a4, 5a6(전체-8보)

3보 　　　 4보 　　　 5보

3a4에서 여성은 우회전을 마무리하는데 시작-시 향하던 방향을 다시 향하도록 한다. 전체적인 1회전이 되는 형상이다.

남성은 손을 들어 회전이 용이 하도록 리드.➔ 턱-동작을 사용.

턱 - 리드에 대한 의미와 활용도

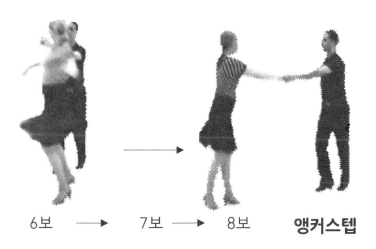

6보 ➞ 7보 ➞ 8보   **앵커스텝**

5a6 에서는 서로 간 간격을 맞추면서 다음 피겨로 연결을 준비한다.

마무리 방식은 각 구사자에 따라 약산씩 달라질 수 있다.

웝-베이식에서 2보를 생략했다. 남성은 제자리에서 스텝을 행하고, 여성
은 웝-베이식을 한다. 웝-베이식의 변화가 워낙 다양하나 기본적인 패턴
을 익혀두면 응용이 편하다. **턱-턴**과 **턱-스핀**의 차이는 무엇일까?

리드의 높이와 2회,3회 절분되는 리드의 방식도 중요한 것이다.

턱-리드의 종류도 세분화하면 피겨에 따라 달라질 수가 있다. 이것은 상
급자들이 즐겨 사용하는 방법이나 추후에 살펴보기로 합니다.

중간 위치에서 전후로 사용하는 턱-리드

스윙에서 기본적으로 사용하는 Middle-Position턱-
리드 방식이다. 자이브 에서도 많이 사용하나 동작
의 특이성에 의해 잘 드러나지가 않는다.

핸드-포지션에 대한 위치 및 활용도를 이해하면 쉽
게 할 수 있다.

윕 베이식(Whip Basic)-기본 방법.

이것 하나만 정확하게 이해한다면 당신은 스윙을 쉽게 이해한다. 원래 자이브의 모태라고 생각하면 된다. 굳이 응용과정 까지 할 것인가? 는 당신의 선택이다. 점핑 자이브의 굴레에서 벗어나 자유롭게 댄스를 구사하려면 필수다. 이것이 능숙해지면 자이브의 단순한 패턴은 싱거울 것이다.

왜? 초등과정은 이미 저절로 터득되니까! 앞부분에서 설명은 5, 6을 별도로 추가하지 않고 단순히 5a6로 맺음 한 경우다.

즉 8보로 진행이 이루어진 것이다. 정석은 10보로 이루어진다. 변화란? 근본을 기준으로 이루어진다. 여기서도 많은 변화가 이루어지나 더 전문적인 이해가 필요하다. 실제로 알고 나면 그리 어려운 것도 아니지만 말이다. 실행자의 능력에 따라 약간의 변화가 있을 수도 있다.

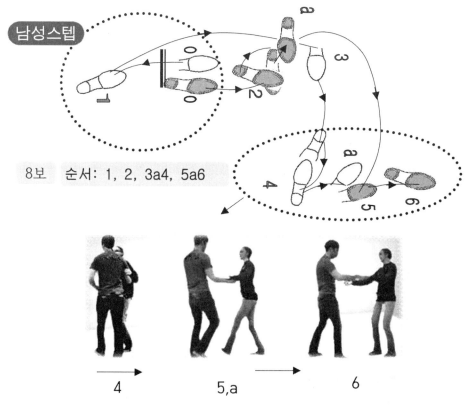

남성스텝

8보   순서: 1, 2, 3a4, 5a6

4   5,a   6

윕 베이식(Whip Basic)-기본 방법.

10보로 이루어진 경우.

선택의 다양성

5,6 이후 7a8에서 앞으로 약간 전진하는 형태로 진행하는 경우.(비스듬히 전진)

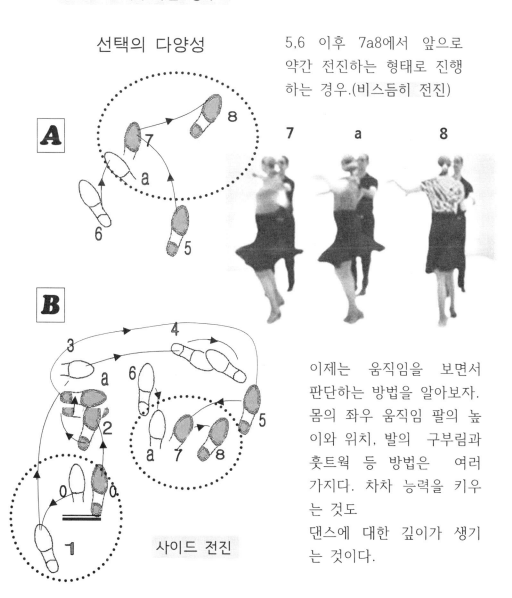

이제는 움직임을 보면서 판단하는 방법을 알아보자. 몸의 좌우 움직임 팔의 높이와 위치, 발의 구부림과 훗트웍 등 방법은 여러 가지다. 차차 능력을 키우는 것도

댄스에 대한 깊이가 생기는 것이다.

사이드 전진

5,6 이후 7a8에서 거의 제자리, 약간 후진하는 형태로 진행하는 경우.

순서: 1, 2, 3a4, 5a6   순서: 1, 2, 3a4, 5, 6, 7a8

윕 베이식(Whip Basic)-기본 방법.

여성스텝

순서: 1, 2, 3a4, 5, 6, 7a8

윕 베이식(Whip Basic)-이것만 알아도 상급

| 1보:1-Q | 2보:2-Q | 3보:3-Q | 4보:-a |

1보:1-Q 남성 왼발 전진하며 여성-오른발 전진하도록 리드. 남성은 여성과 마주 선 상태나 1족 장 정도 비켜 있는 형태를 유지한다.

2보:2-Q 남성 오른발 전진하며 여성과 더블 홀드 상태를 유지. 여성 오른쪽에 위치. 여성이 왼발 전진하여 반대 방향으로 회전하도록 유도, 여성은 왼발로 3/8-1/2 회전량을 구사하도록 리드 여성이 3보에서 후진하도록 준비한다. 여성이 남성과 마주보는 오른쪽 1/4회전 방법도 사용한다

3보:3-Q 남성 여성을 후진하도록 하고 더-블홀드 텐션을 유지한다. 여성 역시 오른발 후진하며 체중을 왼발에 얹는다. 남성은 체중을 오른발에 두고 왼발에 체중을 두지 않고 탭 상태만 유지한다. 이 과정에서 중요한 부분이다, 앵글-포지션

4보: a 남성은 여성의 우측으로 건너갈 준비를 하며 체중을 오른발에 두고 오른발을 축으로 회전하며 위치를 바꿀 준비를 한다. 여성은 남성이 건너갈 수 있도록 공간 확보에 이상이 없나 확인한다. 체중을 왼발로 이동한다. 진행할 방향을 확인한다.

윕 베이식(Whip Basic)

| 5보: 4-Q | 6보: 5-Q | 7보: 6-Q |

5보: 4-Q

남성 왼발 건너가고 여성은 오른발 전진, 남성과 근접한 상태를 유지한다. 마치 크로즈 홀드 상태를 한 것과 같은 형상이다. 여성의 오른발은 남성의 양발 중간으로 전진. 남성의 체중은 왼발에 있으므로 여성의 진행에 지장이 없다. 남성 왼발은 보이지 않는 회전 진행형이다.

6보: 5-Q

남성 오른발 옆으로 체중이동하며 여성을 전진하도록 리드 즉 여성을 보내주는 것이다. 사진은 오른발이 옆으로 되어있으나 숙련자의 경우, 왼발 뒤로 크로스-하여 왼발 옆으로 다음 발을 행하기도 한다.

결과는 마찬가지다. 속도와 피겨의 종류에 따라 약간씩 변화가 올 수 있다. 인사이드, 아웃사이드 모든 것이 6보와 7보 카운트는 5, 6에서 발생한다. 다양함을 보이는 것이다.

5 다음 a는 C.B.M을 설명한 것인데 강한 리드와 정확한 움직임을 나타내는 것으로 숙련자들은 잊지 않고 행하는 과정이다. 누구나 구사함이 좋다. 5,6에서 회전을 하기도 한다.

다양한 변화는 추후에---------5.6에서

윕 베이식(Whip Basic)-비결

5, 6에서 여성이 양발을 바닥에 디딘 채로 동시에 돌아도 된다.(주로 스윙에서 많이 사용한다.) 간단한 윕(whip)-으로 끝낼 경우는 5, 6가 생략되고 앞서 설명과 같이 드로우-어웨이 형태로 전개된다. 많은 변화가 일어나는 과정이므로 참고가 필요하다. 8보로 5, 6을 자이브-에서는 주로 3a4까지 행한 후 남성이 후진을 많이 애용한다. 자연 여성은 전진형태가 된다. 전진형의 윕을 사용할 경우는 좌회전하면서 많이 즐겨 사용한다. 중요한 것은 얼마나 많은 변화를 이룰 수가 있는가? 이다. 물론 인사이드, 아웃사이드는 첨가되어 활용된다. 7보: 6-Q 카운트 "6"에서 아웃사이드 리드를 하여 여성을 회전하도록 하는 과정이다. 물론 손을 들지 않고 폴-어웨이 식으로 그냥 보낼 수도 있다.

손을 들어 보내는 경우 아웃사이드, 인사이드 두 방법으로 행한다.

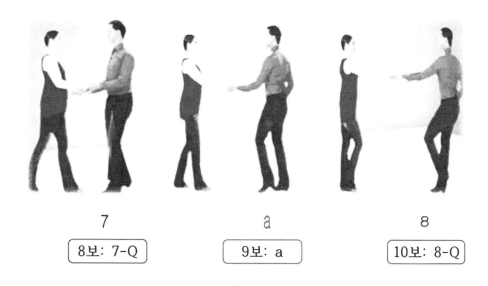

7
8보: 7-Q

a
9보: a

8
10보: 8-Q

남성의 경우는 리드에 있어 신속함이 요구된다. 특히 손의 높이에 따라 여성이 받아드리는 감을 생각하여 신중함이 더 필요하다. 이어지는 윕-과 10보로 이어지는 윕-의 구별은 리드에 따라 달라진다.

체인지 오브 플레이스 R-TO-L, L- TO-R
Change Of Place Right To Left, L To Right

자리 이동이다. 왼쪽에서 오른쪽으로, 오른쪽에서 왼쪽으로 상대방을 보내주는 것이다. 보내줄 때는 마님 모시듯 정중하고 부드럽게, 박력 있게, 상대가 편안히 이동할 수 있도록 해준다. 방법은 손을 들어 보내주기도 하고, 자연스럽게 그냥 보낸다. 스웨이 사용, 쇼울더 리딩, C.B.M이 더해진다면 더 좋고 다 재량 나름이다. 앞선 1번도 이에 해당한다.

댄스에 있어서 자리 이동, 즉 왼쪽에서 오른쪽, 오른쪽에서 왼쪽, 앞에서 뒤로, 뒤에서 앞으로 또는 원을 이루며 이동하는 것 등등 모든 것이 자리 이동이다. 그런데 이것을 마치 하나의 피겨 인양 취급하는 것은 논리적인 모순이다. 포괄적인 것이다. 중요성이 지대하다면 이해를 하지만 이것을 하나의 개체로 취급하는 것은 잘못된 것이다. 원서도 계속 수정. 증보판이 나온다. 무슨 의미일까?
이제 댄스는 극히 보수적인 일부 국가의 것이 아니다. K-Pop을 보라.

위치와 동작이 바뀌는 것이 댄스다.

헤드루프(Head Loope)-여성 좌로 2회전

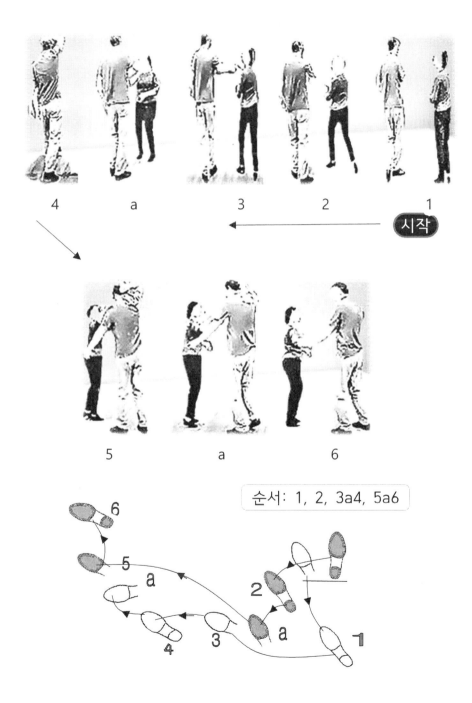

4   a   3   2   1

시작

5   a   6

순서: 1, 2, 3a4, 5a6

헤드루프(Head Loope)-왼쪽으로 회전 시키며 보내기

 A | 여성 좌로 2회전 | | 순서: 1, 2, 3a4, 5a6 |

정면의 위치에서 살펴본 경우다. 루프를 머리위로 목을 감고 돌리는 형상으로 표현한다. 리드 타이밍과 훗트-웍, 발의 위치가 많은 것을 좌우한다. 흔히 가볍게 넘기는 사항이지만 그것이 답이다.

시작시의 위치는 남성이 왼쪽 여성이 오른쪽에 위치한다. 남성은 오른손을 여성의 몸을 가로질러 여성의 오른손을 잡는다.
체중은 남성이 왼발, 여성 오른발에 둔다.

시작시의 남성과 여성의 위치와 자세에 대한 주의가 필요하다.
각자 오른손을 잡고 행한다. 여성은 왼쪽으로 2회 회전한다.
서로 몸이 닿지 않도록 하는 것이 중요하다.
같은 방향을 향함.

3에서 서로 마주보는 자세를 취한다.
이것이 이 피겨의 핵심 포인트다.
팔의 높이와 손의 위치에 신경을 써야 한다.
남성의 서 있는 위치가 여성의 위치보다 앞서 나가면 안 된다.

체인지 오브 플레이스 L to R

자이브의 기본적인 동작 중 하나다. 모든 댄스에 있어서 기본 원칙이다.
자리이동의 기본, 좌에서 우로 우에서 좌로 기본 틀이다.

| 시작 전 | 1보:-Q | 2보:-Q |

3보:-Q   4보:-a   5보:-Q

6보:-Q   7보:-a   8보:-Q

체인지 오브 플레이스 L to R

여성스텝　　　순서: 1, 2, 3a4, 5a6

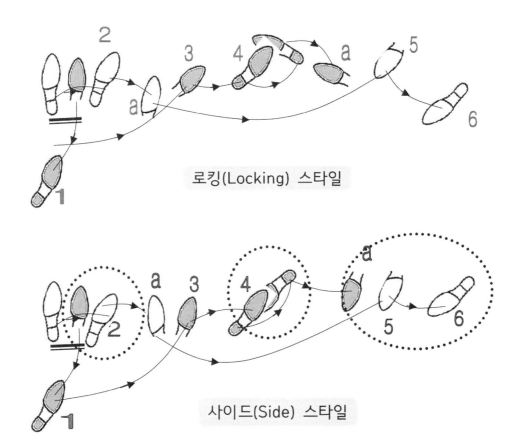

로킹(Locking) 스타일

사이드(Side) 스타일

부드러우면서 강한 C.B.M이 동반된 **폴 어웨이** 에 이은 **스로우 어웨이** 가 연결된 것이다. 여기서 하나 추가한다면 **폴 어웨이 록** 이 있는 데, 그것은 1보 왼발, 2보 오른발을 행한 후 좌,우 트리플 샤세를 행하면 여기서는 폴 어웨이 라는 자세를 전제로 해, 스로우 어웨이 멀찌감치 보낸다는 의미지만 여성이 편하게 갈 수 있도록 보내준다는 말이다. 가고 싶다는데 강제로 붙잡을 수는 없다. 간다면 보내주어야 한다. 얌전히 편안하게 보내주자.

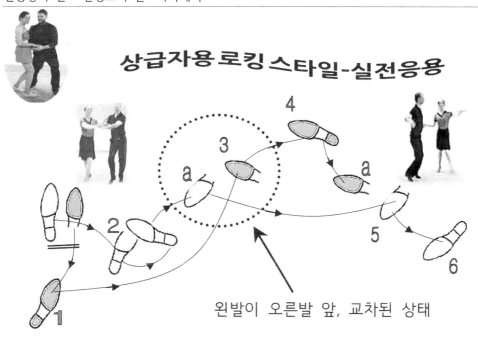

상급자용로킹스타일-실전응용

왼발이 오른발 앞, 교차된 상태

여성이 진행해도 남성과의 간격은 유지해야 한다. 크로즈, 오픈이든 말이다. 남성의 오른편에서 왼쪽으로 보내주는 경우다. (R TO L)된다. 8보에서 끝내고 다시 **폴-어웨이-스로우 어웨이**를 연결하면 된다.

여기에서 핵심은 무엇일까? 어느 발, 언제, 회전하는 가. 사이드의 경우 5보에서 회전을 하여 방향을 전환한다. 3a4의 4에서 완전한 방향의 전환을 이룬다. 그것은 상급용의 경우도 마찬가지다. 굳이 상급용이라 표현을 하였지만 초. 중급에서부터 익혀야 하는 과정이다. 대체적으로 본다면 2보인 2에서 회전이 인색하다. 그리고 오른쪽으로의 샤세로 이어진다. 아주 기초적인 움직임이다.

2보와 3보 사이에서 이미 방향설정이 거의 마무리가 되어야 한다. 그리고 **4보인 a**에서 크로스-샤세를 하면서 탄력을 비축한다. 움츠리고 있다 뛰는 것이다. 용수철이 튕기듯 탄력 있게 움직인다. **5a6** 역시 마찬가지다. 처음에 힘들다면 사이드 샤세를 행하는 것도 무방. 여기에서 한 단계 더 들어가면 응용으로 중간에 회전을 하면서 킥-동작으로 연결되는 과정도 있다. 이 역시 2보에서 회전으로 인해 모든 것이 이루어진다. 여성의 모든 동작이 동적이어야 더 생동감이 나는 것이다.

체인지 오브 플레이스L to R

◉ 페이싱포지션 상태에서 손들어-보내기.

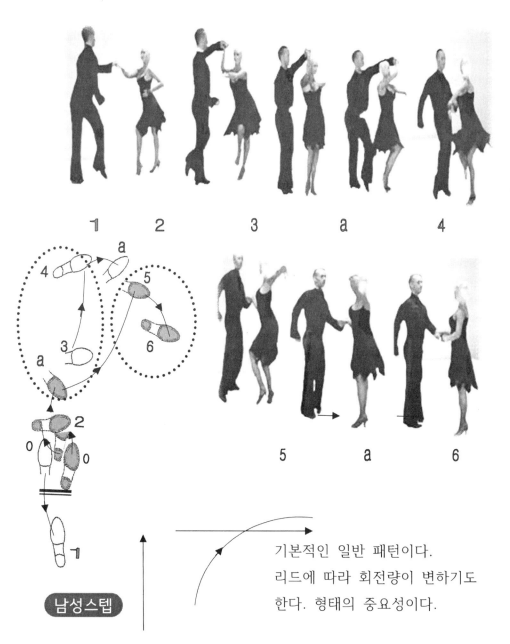

기본적인 일반 패턴이다.
리드에 따라 회전량이 변하기도
한다. 형태의 중요성이다.

남성스텝

체인지 오브 플레이스R to L

◉ 클로즈 상태에서 손 들어-보내기.(1-5보)

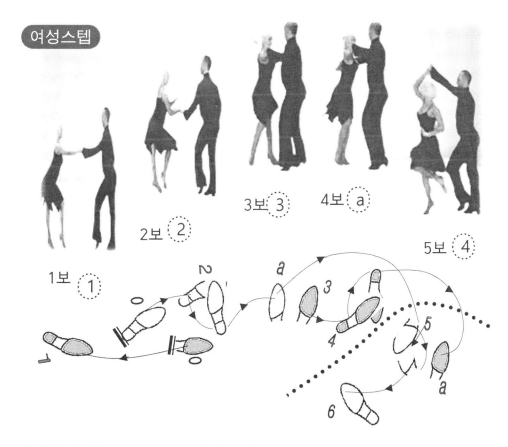

여성스텝

2보 ②

3보 ③   4보 ⓐ

5보 ④

1보 ①

여성이 전진후 오른쪽으로 위치를 바꾸는 것이다. 이 도형은 강한 회전을 하는 매우 샤프한 스타일이다. 회전량에 따라 방향을 전환하는 발 위치가 달라진다. 약하게 할 경우는 "4"에서 회전을 하고, 강하게 할 경우는 "2"에서 미리 한다. 상대방이 전진하며 나오는 타이밍이 있기에, 그에 맞는 스텝을 행해야 한다. 기본과정에서 빠트릴 수 없는 중요한 부분이다. 팔을 들어 보내주는 방법인데 여성의 왼편에서, 여성의 오른편에서 양 위치에서 행해지는 많이 반복되는 과정이다.

체인지 오브 플레이스R to L

◉ 클로즈 상태에서 손들어-보내기.(6-8보)

팔을 들어 보내주니 간격과 손의 위치 팔의 움직임 등 신경을 써야 할 부분들이 매우 많다. 기준의 척도가 되는 방법이다. 1-8보 까지 다 이루어지면 단순한 언더-암-턴이 된다. 1-5보 까지 행하고 다른 피겨로 연결하는 것이 연결하는 요령이다. 마주보면서(오픈상태) 시작하는 경우, 크로즈 상태인 홀드-상태로 시작, 연결하는 피겨의 성격에 따라 선택된다.

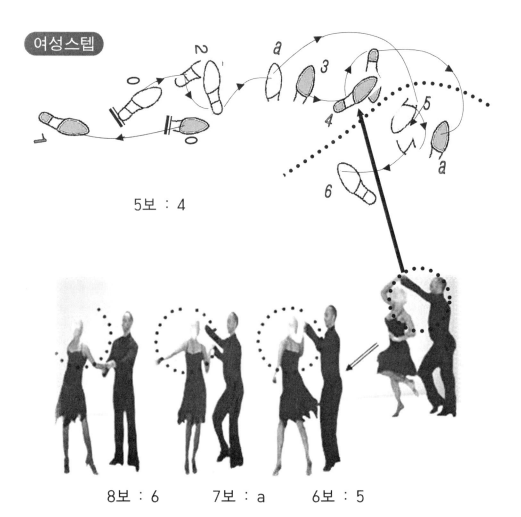

여성스텝

5보 : 4

8보 : 6   7보 : a   6보 : 5

폴어웨이 드로우 어웨이

체인지--R to L의 기본 패턴이다. 필독사항.

남성스텝

전반부

5보 : Q

4보 : a

3보 : Q

2보 : Q

1보 : Q

폴어웨이 드로우 어웨이

남성의 경우 패턴에 따라 A,B,C등으로 진행이 달라진다. 실전응용.

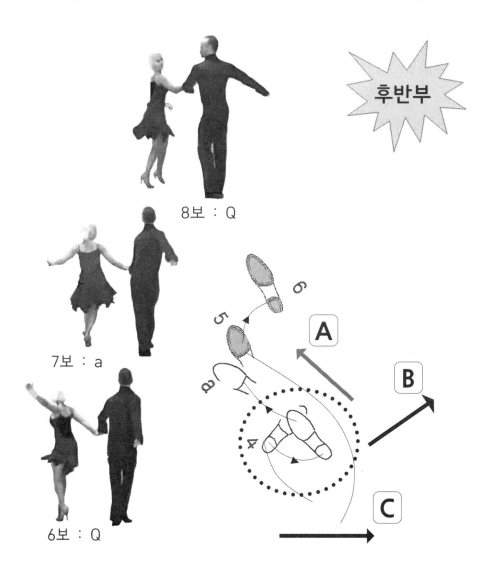

후반부

8보 : Q

7보 : a

6보 : Q

마주보고 행하는 언더암-턴-오픈-페이싱 포지션

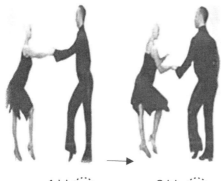

1보 ②   2보 ①

마주 보고 시작하여 여성을 중간에 회전시키며 자리를 바꾸는 과정. 자리바꿈이다. 댄스란 서로가 자리를 이동하면서 행하여지는 것이다. 각자가 때로는 같이 이동을 한다. 그래야 이동이 이루어진다. 아주 간단한 원리다.

④ 5보   ⓐ 4보   ③ 3보

여성이 등을 보이며 회전 시 남성은 뒤에서 보조 역할을 한다.
회전이 미무리 되는 것을 확인하면 손을 완전히 내려 회전동작을 마무리한다. 다음 동작으로의 연결을 준비한다.

⑥ 8보   ⓐ 7보   ⑤ 6보

후행의 5a6는
앵커 스텝이 된다.
서로의 간격을 유지하며 완전히 처음 준비시의 형태를 유지한다.

언더-암턴 Under Arm Turn 의 연결-

남성스텝   5a6 : 백크로스를 이용한 방법이다.

C 오픈 페이싱 표지션으로 시작

순서	1,2,a,3,4,5,a,6
순서	1, 2, 3a4, 5a6

마무리 방향

백크로스 사용

시작시 방향

연결동작

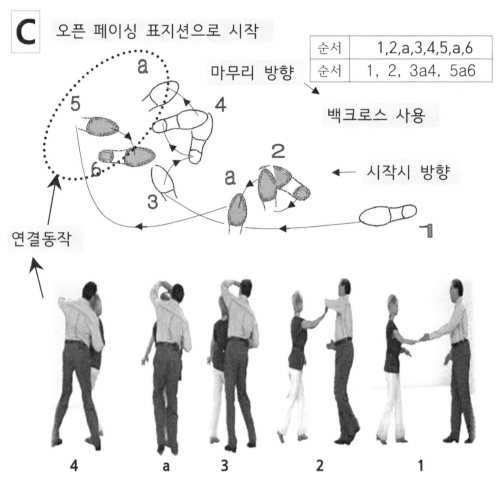

4   a   3   2   1

⬆ 여성과 옆에서 같이 전진하며 방향을 바꾸도록 하는 경우다.
특수한 경우에 사용하나 잘 알아두어야 할 사항이다.

평범한 것 같아도 차이가 생긴다. 무엇 때문일까? 그런 것이
숙련자와 비숙련자의 차이로 작용하는 것이다.
다른 점은 3a4 에서도 나타난다. 자이브에서 기본적인 실력의
차이는 체인지 오브 플레이스에서 나타난다.

상급자용-언더암턴Under Arm Turn 순서:1,2,3a4,5a6

클로즈상태, 오픈 상태에서 각각 보내주기를 시도하는데 손을 들어 보내주는 경우, 그렇지 않고 그냥 보내주는 스로우-어웨이 형태로 이어진다. 방향으로 본다면 왼쪽에서 오른쪽으로, 오른쪽에서 왼쪽으로 보내주는 형태로 나타난다. 손을 들어보내주는 경우도 안쪽으로 손을 들어-보내는 인사이드 경우, 바깥쪽인 아웃사이드 두 형태로 나누어진다.

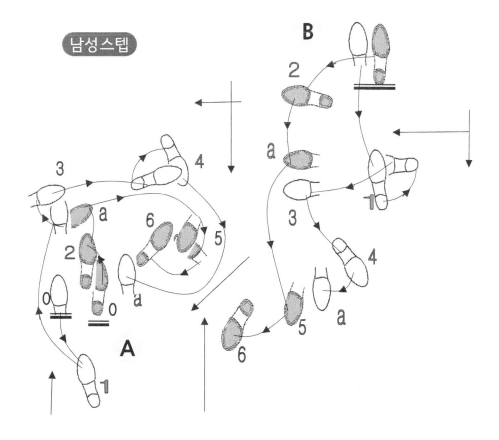

오픈상태로 시작, 크로즈 홀드로 이어가는 형태. 상급용의 전형적인 패턴이다. 8보로 이루어지는 단순 형태다.

상급자용-언더암턴Under Arm Turn 순서:1, 2, 3a4, 5a6

체인지-오브-플레이스→여성을 좌우로 보내주는 것이다. 자리바꿈이다.
얼마나 신속하고 편안하게 보내주는가? 그리고 다른 동작들이 이어지는
것이 특징이다. 물론 다른 종목도 마찬가지지만, 자이브에서는 중요하다.
처음 접할 때 얼마나 많은 시간을 투자했느냐에 따라 패턴이 달라진다.
순서:1, 2, 3a4, 5a6순서:1, 2, 3a4, 5a6

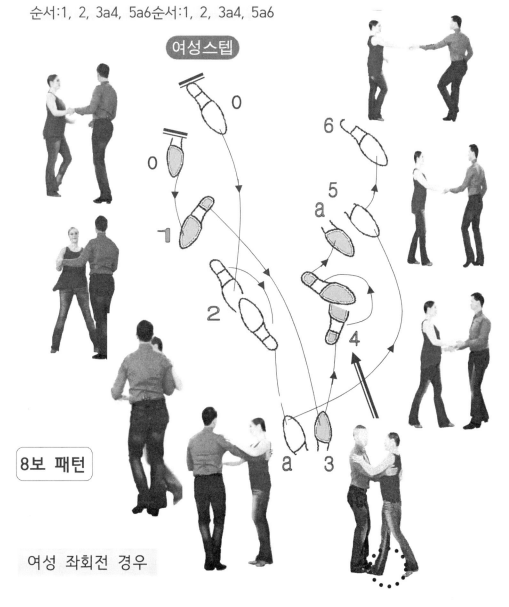

여성스텝

8보 패턴

여성 좌회전 경우

상급자용 기본 윕 - 드로우 어웨이

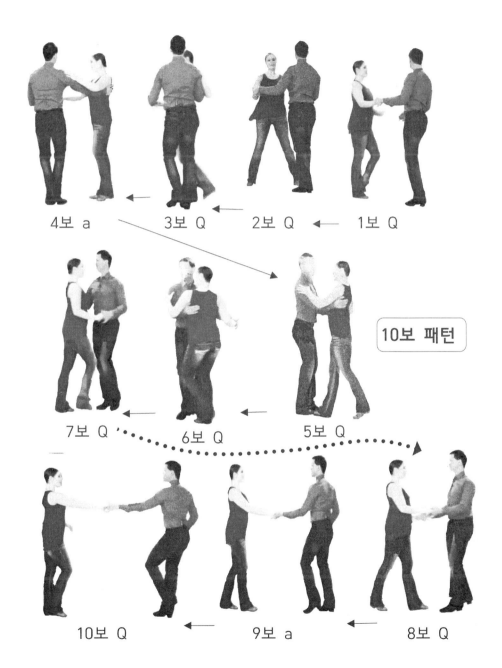

4보 a   3보 Q   2보 Q   1보 Q

10보 패턴

7보 Q   6보 Q   5보 Q

10보 Q   9보 a   8보 Q

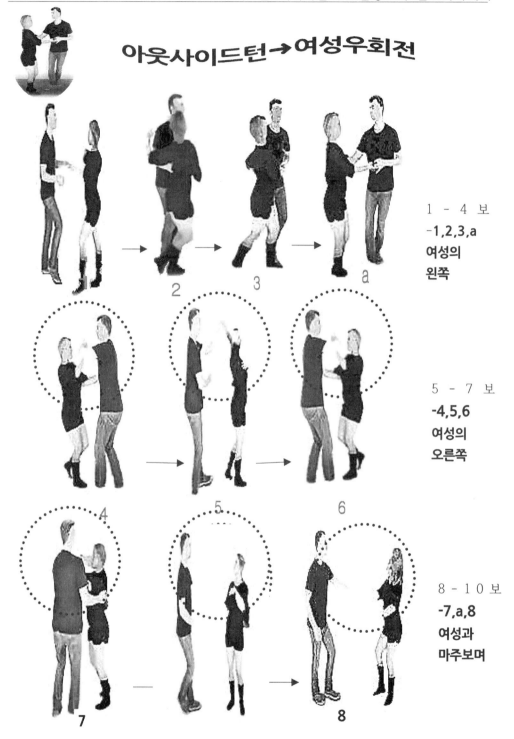

아웃사이드턴➔여성우회전

1 - 4 보
-1,2,3,a
여성의
왼쪽

5 - 7 보
-4,5,6
여성의
오른쪽

8 - 10 보
-7,a,8
여성과
마주보며

웝은 스로우아웃 8보 중간에 카운트 5,6가 첨가되어 전체 10보5,6은 연결매체의 역할, 흐름의 변화를 주도한다.

아웃-사이드 턴→카운트별동작

여기서 우리가 집고 넘어갈 사안이 있다. 인사이드와 아웃사이드의 구별이다. 쉽게 생각하면 **인사이드는 좌회전**, **아웃사이드는 우회전**이라 생각하면 간단하다. 원리적인 면을 설명하면 길어지기 때문에 생략합니다.

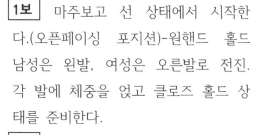

1

2

1보 마주보고 선 상태에서 시작한다.(오픈페이싱 포지션)-원핸드 홀드 남성은 왼발, 여성은 오른발로 전진. 각 발에 체중을 얹고 클로즈 홀드 상태를 준비한다.

2보 여성은 왼발 전진하며 우회전한다. 남성과 여성이 각을 이루며 나란히 위치한다. 클로즈 상태를 유지한다.

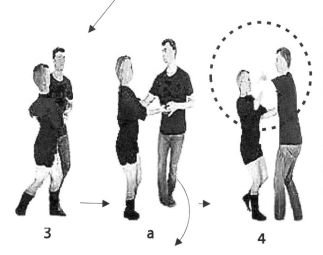

3

a

4

남성은 3보와 4보 **3, a**에서 여성의 왼편에 위치, 5보 **Q**에서 건너가며 여성의 오른편에 위치한다. 제일 중요한 사안이다. **키포인트**

여성은 3보-**3**에서 오른발 후진, 4보 **a**왼발 후진하며 오른발에 모은다. 이때 체중이동이 신속하게 이루어져야 5보인 **4**에서 신속하게 전진하며 남성의 리드에 응할 수 있다.

아웃-사이드 턴 → 카운트별 동작

인사이드 턴, 아웃사이드 턴은 남성의 왼손 역할 또한 중요하다. 주-리드는 오른손이지만 보조역할이 중요하다. 타이밍은 양쪽 다 같다.

5   6

여기서 아웃사이드 인가? 인사이드? 정해진다. 물론 남성의 리드에 따라 결정된다.

인사이드는 좌회전이니 손을 들어올리며 좌회전 신호를 하고, 아웃사이드 이면 손을 위에서 돌려주며 내린다. 리드의 차이다. 여성은 남성의 리드를 파악하고 신속하게 움직인다. 남성은 여성의 오른편에서 중심으로 이동.

진행방향

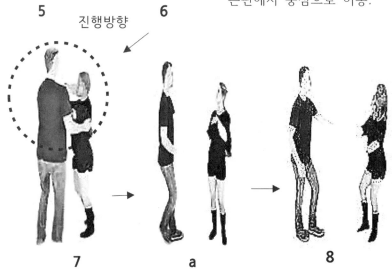

7   a   8

8,9,10보 이다.-**7,a,8** 마무리 동작이다. 여성의 진행방향이 뒤로 곧게 후진인가? 아니면 비스듬히 뒤로 또는 사이드로 해서 옆으로 갈 것인가는 남성의 리드에 기인한다. 이 과정을 능숙히 한다면 당신은 상급 댄서다. 스윙의 핵심이며, 자이브를 손쉽게 하는 지름길이다.

제 3 장

실전피겨 활용

구구단이란 초등학교 시절 곱셈을 하기 위해 외우는 과정이다.

실제로 곱셈을 할 때는 구구단의 순서대로 하지 않는다.

국내에서 지향하는 순서는 무조건 순서대로 하자는 의미는 절대 아닐 것이다. 익히는 과정일 것이다. 그런데 일부에서는 이것이 마치 기준의 척도인양 지나친 착각을 한다. 난이도에 따른 분류는 이해가 간다.

그러나 실상 그 난이도라는 것이 쇼-케이스의 난이도처럼 느껴지는 것은 왜 일까? 지나치게 넓은 공간을 필요로 하는 피겨들은 과연 무엇 때문에 하는 것일까?

과시욕이다. 우월감을 느껴보고 싶은 것일까? 하지 말자는 말은 아니다.

물론 알아서 손해 볼 것은 없다. 도대체 몇 번 까지 나갈 것인가?

분열과 조합이다. 운동으로 즐기기 위함인가?

 허세? 새로움을 접하기 위한?--------일단 진도나 나가 봅시다.

아메리칸스핀----American Spin

아메리칸 스핀을 행하면 대부분 여성만 회전하는 것으로 생각한다. 물론 보편적 상황이다. 남성도 회전한다는 것을 기억하자. 남성이 회전할 경우, 능력에 따라 행해 진다는 것을 염두에 두자. 쉽지는 않다. 왜? 회전, 리드, 시간, 공간확보― 거기에는 단순 고난도 테크닉이 요구된다. 여성의 경우 단순 스핀을 행한다. 한 발로 도는 방법. 오른쪽으로 회전한다.

순서: 1, 2, 3a4, 5a6

남성스텝

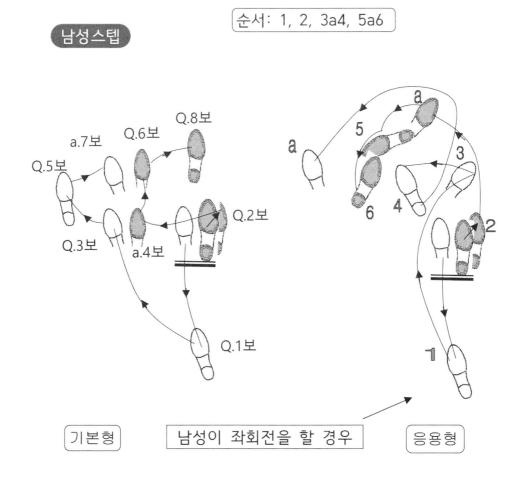

기본형   남성이 좌회전을 할 경우   응용형

아메리칸 스핀----American Spin-분석비교

여성스텝

아메리칸 스핀----American Spin-분석비교

6

a

5

여성스텝

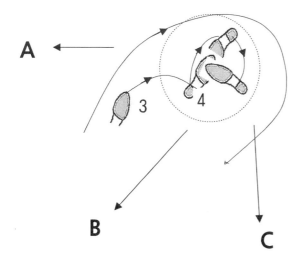

A

3 4

B

C

진행 방법에 따라 여러 형태로 나타나게 된다.

각각의 방향으로 진행하다 보면 후행 연결 동작은 어떤 형태가 적합한가? 하고 답이 나온다. 파트너와 함께 의논하며 진행하는 것도 좋지 않겠는가!

아메리칸 스핀----American Spin

체인지오브핸즈비하인드백--Change Of Hands Behind Back

남성이 여성을 등 뒤로 보내면서 뒤쪽에서 손을 교체하는 열중쉬어 방식. 남성의 시선은 항상 상대방이 움직이는 것을 주시하며 리드. 이전 방법 중에는 "Trail The Waist"라고 해서 여성이 남성의 허리를 오른손으로 스치며 지나가는 듯한 형태를 취하기도 했다. 서로의 배려라는 점이다.

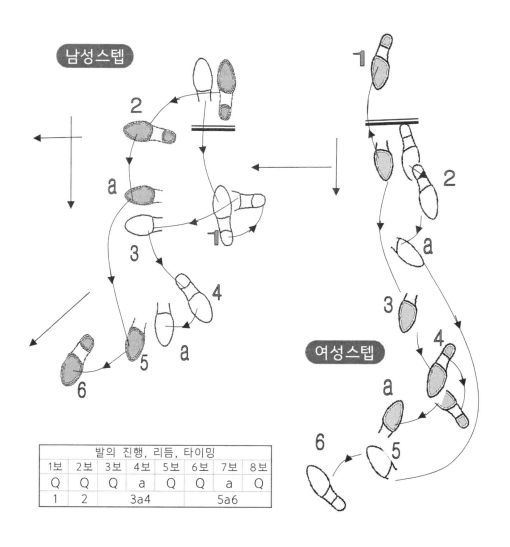

발의 진행, 리듬, 타이밍							
1보	2보	3보	4보	5보	6보	7보	8보
Q	Q	Q	a	Q	Q	a	Q
1	2		3a4			5a6	

체인지오브핸즈비하인드백--Change Of Hands Behind Back

◉ 원-핸드 폴-어웨이 포지션으로 시작하는 경우. 오른손으로 여성의 오른손을 잡고 행하는 경우도 있다. 이럴 경우는 허리를 돌려 상체의 반동을 이용하면서 남성이 우회전하는 방법도 있다. 이 경우는 쇼-케이스용이다. 양손을 잡고 있다가, 한 손을 이용하는 방법도 있다. 방법은 선택하기 나름.

체인지오브핸즈비하인드백--Change Of Hands Behind Back

여성은 남성의 등 뒤를 지나 우회전하는 형태. ❶남성은 오른손을 허리 높이로 등 뒤로 하여 여성의 오른손을 다시 왼손으로 교체한다. ❷.남성은 왼손으로 여성의 오른손을 잡고 여성을 등 뒤로 보내면서 오른손을 들고 다시 여성의 오른손을 잡고 다시 왼손으로 교체, 손동작이 조금 번거롭다. 손을 들고 내리고 멋은 있어 보이나, 결론은 조금 번거롭다. 즉 부딪힐 확률이 높다. 호불호를 논할 필요는 없다. 선택이니까. ❶은 허리와 상체 의 부드러운 움직임이 필요하다.

약간의 거리를 두고 시작된 경우다, 왼손으로 시작, 오른손으로 교채하는 방법이다. 다시 왼손으로 교체, 6-8보를 행하면서 마무리 짓는다.

힙범프---Hip Bump 순서:1,2,3a4,5a6

1보 Q	→	2보 Q

5보 Q	← 4보 a	← 3보 Q

6보 Q	→ 7보 a	→ 8보 Q

힙 범프---Hip Bump 순서: 1, 2, 3a4, 5a6

힙(Hip)은 엉덩이다. 양쪽끼리 부딪친다면 장난스러움이다. 댄스에서 엉덩이의 부딪침은 옆으로 허리 아래쪽 엉덩이 부분을 살짝 부딪치는 흉내 정도 다. 범프(Bump)는 부딪친다는 의미인데, 피동적인 동작이 아니라 능동적인 동작이다. 서로가 가한다는 의미다. 적극적인 행동이 필요. 3보-5보 QaQ, 또는 6-8보 Q.a.Q 을 Q.Q으로 3보에서 2보로 줄여 행하기도 한다. 3-5보만, 또는 6-8보 함께 두 번 하기도 한다. 다양함이다. 물론 그사이 동작이 가미됨은 당연. 사진을 참조하시기 바랍니다.

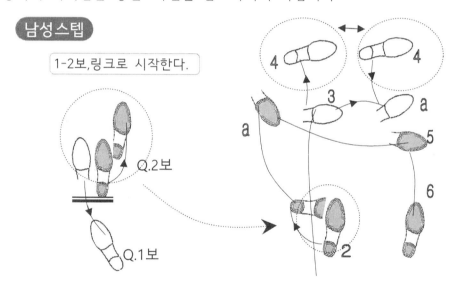

남성스텝

1-2보, 링크로 시작한다.

Q.2보

Q.1보

남성은 링크로 시작해 2보 오른발에서 오른쪽으로 1/4 회전, 사이드 포지션을 한다. 여기서부터 좌, 우 트리플 샤세를 행하는데, 5보에서 범프 하고, 6-8보 다시 원위치, 8보에서 마주 보며 끝내기 동작을 한다. 남성은 왼손으로 여성의 오른손을 잡고 링크에서 어웨이 포지션, 3-5보 사이드 콘택트포지션 상태를 유지하다 6-8보 어웨이 포지션으로 환원, 후행으로 연결한다. 리드 시 팔의 상태가 밀고 당기는 것이 아니라 당기는 듯 가까이 그리고 밀 듯 멀리 행하는데 힘의 안배 조절이 중요하다. 팅기는 맛이 필요하다. 반동. 손의 높이는 "Chest Level" 가슴 높이다(리드 하는 팔).

힙 범프---Hip Bump 순서: 1, 2, 3a4, 5a6

여성스텝

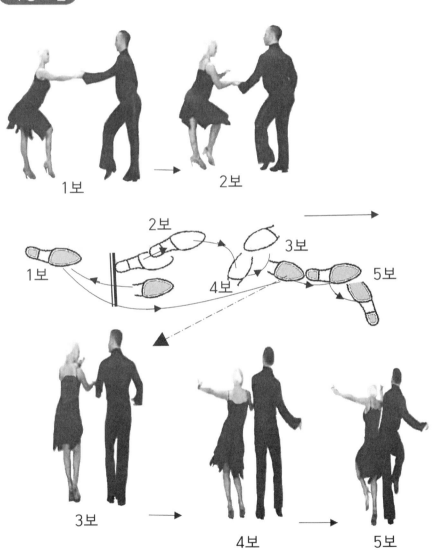

1보 → 2보

2보
3보
1보
4보
5보

3보 → 4보 → 5보

힙 범프---Hip Bump 순서: 5a6

여성스텝 ← 연속, 후행으로 이어간다.

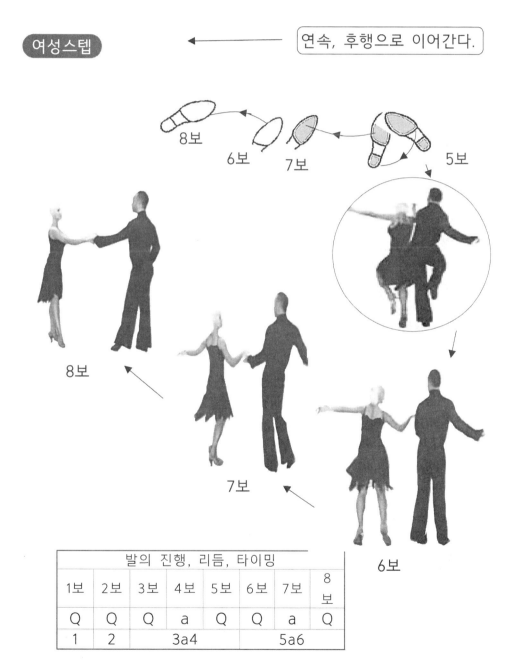

발의 진행, 리듬, 타이밍							
1보	2보	3보	4보	5보	6보	7보	8보
Q	Q	Q	a	Q	Q	a	Q
1	2		3a4			5a6	

윕-Whip-순서:1,2,3a4,5,6,7a8-10보

선행과 후행은 통상적인 흐름을 위주로 연결. 독특한 변화는 당신이
재량껏 파트너의 역량에 맞추어 하시기 바랍니다.

| 1보 Q | 2보 Q | 3보 Q | 4보 a | 5보 Q |

회전량을 얼마나 이루는 가에
따라 후행의 형태가 달라진다.
선행의 경우 안정적인 자세가
이루어지도록 준비한 후 곧바
로 진행이 되나 회전하면서 언
더암-턴(인-사이드, 아웃-사이
드)을 활용 새로운 변화도 나타
난다.

7보 Q   6보 Q

10보 Q   9보 a   8보 Q

윕-Whip-순서:1,2,3a4,5,6,7a8-10보

5, 6에서 뒤로 후진하며 오른쪽으로 회전. 왼발을 축으로 회전하기도 한
다. 대체로 2보로 진행. 4보 연속일 경우 크로스→사이드로 연결.

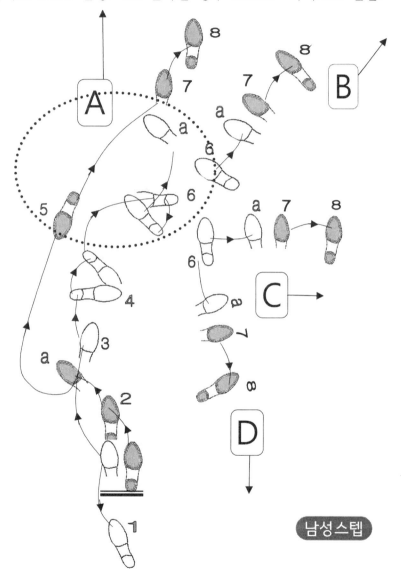

남성스텝

A, B, C, D 4방향으로 진행되는 과정을 표시하였다. 상황에 따른 변화
이지만 이어지는 동작에 따라 얼마든지 변화를 강조할 수 있다.

내츄럴-윕-Whip-순서: 1, 2, 3a4

윕 동작 선행은 여러 방법이 있으므로 일일이 나열은 생략 ------

윕 동작의 핵심은 1보와 2보의 연결입니다. 남성과 여성이 1보와 2보를 서로 바꾸어 행한다고 생각하면 쉽게 이해 하실 것입니다. 서로간의 간격과 진행에 불편을 주지 않도록 합니다.

2보 Q ← 1보 Q

1보 Q : 1보에서 남성은 오른발을 왼발 좌측으로 크로스 하여 트위스트 형태를 유지. 여성은 왼발을 사이드로 하여 우로 회전하듯 전진하나 남성을 축으로 하여 걷는다. 2보 Q : 남성은 사이드로 왼발 옆으로 하여 우회전하며 몸을 틀어준다, 여성은 발을 크로스하듯 오른발을 왼발 뒤로 하여 계속 우로 향한다. 3-5보는 오른쪽 샤세를 행한다.

5보 Q   4보 a   3보 Q

내츄럴-더블윕-Double Whip-순서: 1, 2, 3, 4, 5a6

전반부의 기본적인 동작은 생략하고 실질적인 윕-동작을 카운트하여
적었습니다. 더블 윕은 전반부의 1,2보를 같은 위치에서 반복하여
4보를 행함. 드로우-어웨이로 마무리 하는 경우.(방법은 다양)

1보 Q   2보 Q   3보 Q   4보 Q

7보 Q   6보 a   5보 Q

기본적인 단순한 윕-보다 적극성이 한결 나아집니다. 회전량은 상대방
의 수준에 맞추어 구사합니다. 회전량에 다라 진행방향과 후행으로 이
어지는 동작이 변화 됩니다. 1,2,3,4를 행한 후 곧바로 다른 동작으로
이어져도 무방합니다. 컬리-윕, 또는 스패니쉬 암, 아웃사이드 체인지
-등 후행은 취향에 따라 구사됩니다. 다양한 댄스를 구사하려면 다른
종류도 접목하여 보십시오.

윕-Whip-순서:1,2,3a4,5,6,7a8-10보

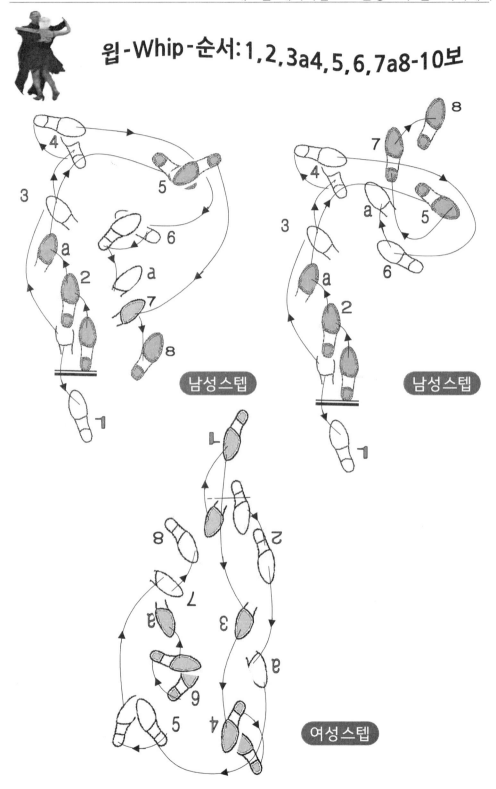

남성스텝

남성스텝

여성스텝

윕-Whip-순서:1,2,3a4,5,6,7a8-10보

여성의 변화는 5, 6보에서 나타난다. 이어지는 피겨에 따른 방향, 진행의 다양화다. 실로 많은 변화가 이루어진다. 테크닉의 다양화로 변화한다.

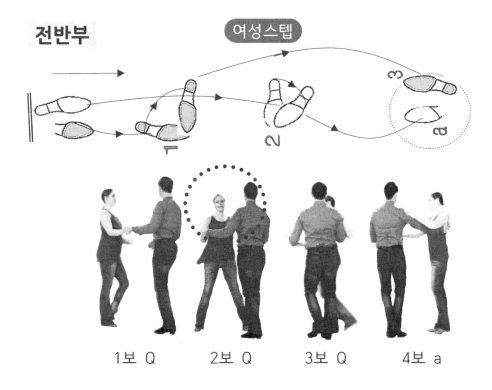

전반부 여성스텝

| 1보 Q | 2보 Q | 3보 Q | 4보 a |

여성의 동작에서 제일 중요한 부분이다. 전반부의 4보에서 결정이 난다. 2보에서 여성은 왼발 전진하면서 우회전을 하고, 남성을 마주대하는 것이다. 마주 면한다는 표현을 해야 할 것 같다. 계속 진행이 되면서 3보 오른발이 뒤로 후진하고, 4보에서 왼발이 오른발 옆에 모아지면서 체중을 이동한다. 마치 제자리 체중을 이동하듯 말이다.

이 패턴은 WCS의 기본 패턴이다. 윕의 비중이 얼마나 막중한지 참고하시기 바랍니다. 클로즈와 오픈에 있어 필수 항목이라 순서의 고착화에서 벗어나세요! 거듭 강조하지만 획일화된 교육 방법은 창의성, 발전성을 저해합니다.

윕-Whip-순서: 1, 2, 3a4, 5, 6, 7a8-10보

후반부

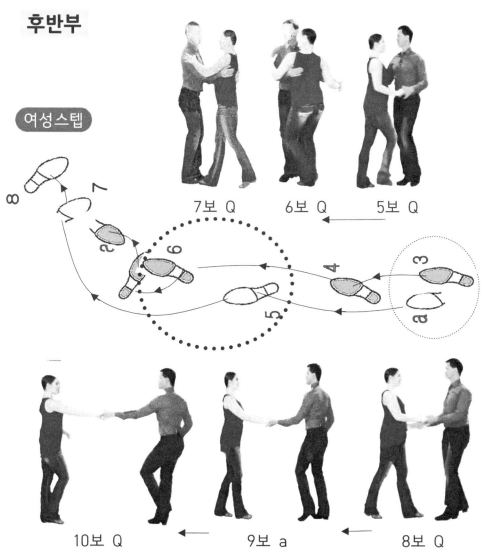

WCS의 전형적인 윕이다. 항상 리드는 신중해야한다. 여기서 카운트 5, 6 발-보수로는 6보, 7보이다. 여기서 여성도 회전에 유의해야 하고 간격과 방향, 리드의 강도에 집중한다. 마무리는 후진, 사이드 샤세-등 편한 방식을 선택하면 된다.

윕-Whip-순서:1,2,3a4,5,6,7a8-10보

기본적인 자이브 동작 보다 테크닉적인 면에서 다양함이 나타난다.
변화가 여러 가지 특히 회전이나, 방향 전환 등 환상적인 어우러짐이다.

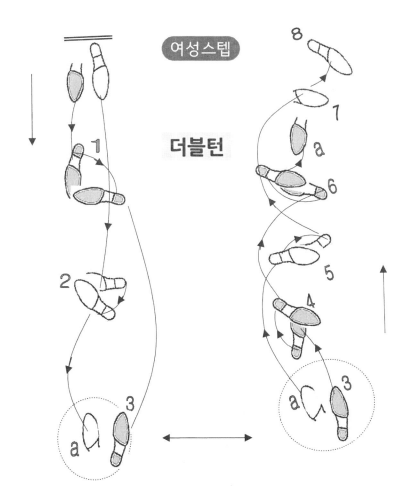

여성이 5, 6에서 아웃 사이드 더블 턴을 하는 경우다.(2회 우회전).
여기서 변화가 많이 이루어진다. 남성의 리드하는 방법도 양손을 사용하
기도 하고, 다양한 리드가 나타난다. (더블 홀드상태-클로즈, 오픈)

윕-Whip-순서: 1, 2, 3a4, 5, 6, 7a8-10보

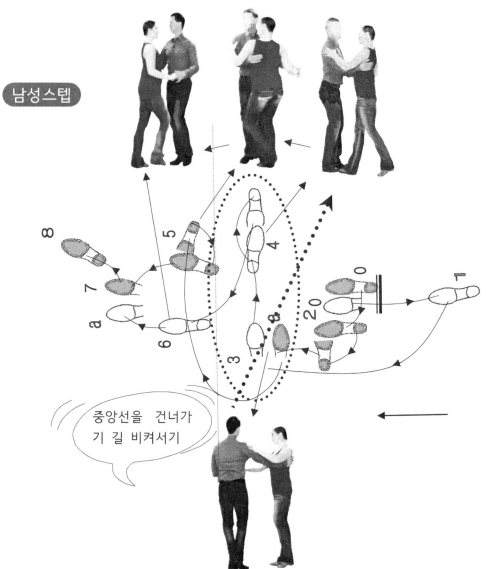

남성스텝

중앙선을 건너가
기 길 비켜서기

윕은 다양성에 있어서 타의 추종을 불허한다. 그만큼 변화가 많다는 설명이다. 다다익선이다. 차지하는 비중도 막강하다. 제일 중요하다고 보아도 무방할 정도로 신경을 써야한다.

일반 사교댄스에서 지르박에서도 마찬가지로 중요하다고 볼 수 있다.

상급자용 기본 윕-드로우 어웨이

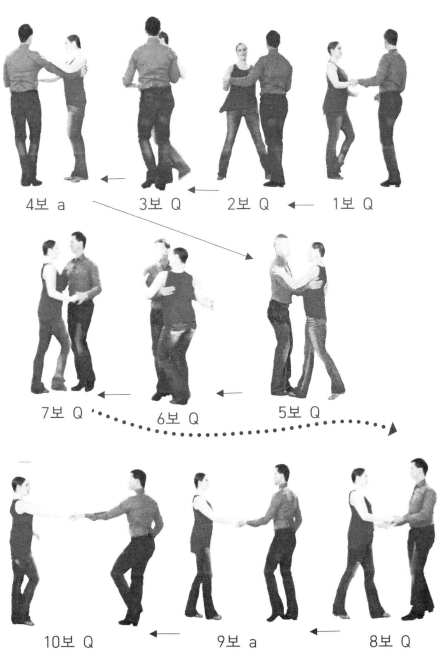

4보 a   3보 Q   2보 Q   1보 Q

7보 Q   6보 Q   5보 Q

10보 Q   9보 a   8보 Q

상급자용-리버스윕(Revers Whip)

1보 Q → 2보 Q → 3보 Q → 4보 Q → 5보 Q

6보 Q → 7보 Q

리버스는 내츄럴의 반대 방향이다.
왼쪽으로 회전하며 윕을 행한다.
카운트는 전반부와 후반부 각각 나
누어 1,2,3a4,5,6,7a8-발의 보수는
전체가 10보로 이루어진다.
1,2와 5,6에서 방향의 전체적인 흐
름을 제시하고 3a4-7a8 에서 계속
왼쪽으로 샤세를 행하며 완성한다.

8보 Q → 9보 Q → 10보 Q

전면으로 보이는 여성
의 발을 잘보면 체중
이동이 확인된다.

상급자용-리버스윕(Revers Whip)

리버스 계열은 일종의 역방향이라 생각이 되기도 한다. 오른손잡이가 왼손잡이 역을 하는 것이나 같다. 실질적인 움직임은 축을 중심으로 회전하면서 동작을 한다. 요령이다. 모던이나 라틴이나 원리는 같다.

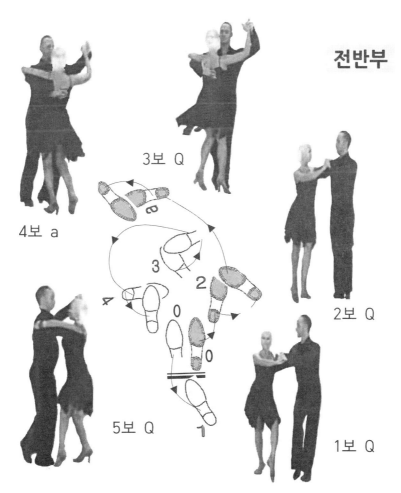

전반부

3보 Q

4보 a

2보 Q

1보 Q

5보 Q

여성의 동작은 남성과는 반대적인 성향이지만 흐름은 같이 이어간다. 여성이 후반부를 하면 남성은 전반부를 하듯 전반과 후반이 방향은 같아도 발이 반대지만 전후진 또한 역이다. 다만 흐름은 같으니 같은 방향으로 이동한다. "각자가 전. 후반을 바꿔한다."

상급자용-리버스윕(Revers Whip)

후반부

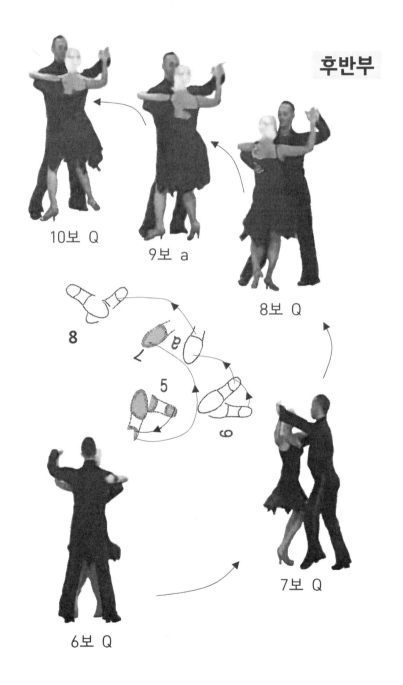

10보 Q

9보 a

8보 Q

7보 Q

6보 Q

워크의 기본 -& Combination Walk

댄스란 기본적으로 커플이 이루어내는 아름다운 형태를 이루는 운동이다.

워킹이란 일반적으로 전진할 경우를 전제로 한다. 물론 일시적으로 후진을 하며 진행하는 경우도 있지만 진행이란 앞으로 나아감을 의미한다.

서로가 홀드상태에서 앞을 보고 향함이 같은 것이다. 나란히 진행하여 전진하면서 서로 마주 향하다 다시 앞을 향해 전진하며 워킹을 반복하는 것이다. 앞을 향해 여러번 반복 전진하다 마주 향함이 있을 수도 있고, 마주보고 향하다가 다시 전진하며 진행을 하기도 한다. 이에는 박자와 리듬 기타 여러 전제 조건이 따른다. 번갈아 가며 진행도 하고 다양한 패턴이 나오기 마련이다. 여기에 킥동작이라든가 부수적인 움직임도 가미된다.

워크의 기본 -& Combination Walk

프롬나드 포지션으로 시작해서 그대로 방향을 유지한 채로 동작을 행한다. 카운트의 변화, 방향의 변화, 기타 변화가 나타나 다양함을 구사할 수 있다. 제일 기본적인 단순한 워킹을 나타낸 것이다.

1보   2보

왼발, 오른발, 왼발 차례로 이어지는 L-Side 샤세. 카운트-QaQ

3보   4보   5보

오른발, 왼발, 오른발 차례로 이어지는 R-Side 샤세 카운트-QaQ

6보   7보   8보

콤비네이션 워크- Combination Walk-프롬나아드 이용

워크의 다양한 원스텝, 트리플 스텝의 조합이다. 방향을 선택해 진행한다. 전진을 위주로 한다. 백 워크는 후에--조합의 방법은 짝수를 이룬다. 원 스텝의 짝수, 트리플의 짝수, 리듬 타이밍이 Q, S, QaQ 을 각각 1개의 개체로 생각. 트리플 스텝은 로킹, 러닝으로 구별, 행하면 된다.

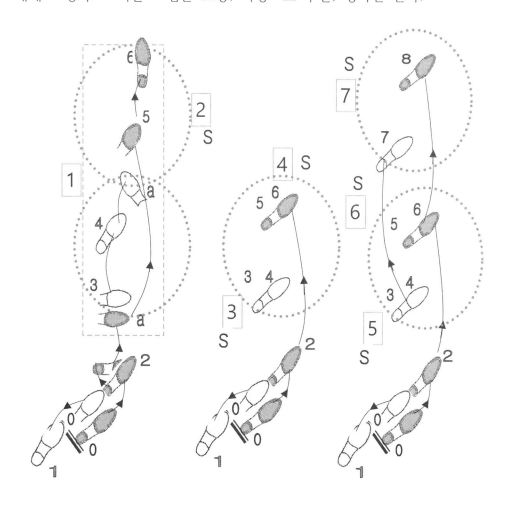

남성스텝

콤비네이션 워크- Combination Walk-토우, 스웨이를 사용.

워크 조합은 위의 표시에 있는 7 경우, 섞어 사용하는 것이다.

남성스텝

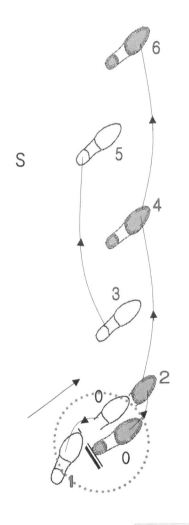

조합을 이룰 시 발의 연결을 잘 살펴야 한다. 전진 방향은 직진, 대각선이 주를 이룬다.

대각선일 경우, 크로스 상태에서 이루어지므로 트리플 시 마지막 3보는 항상 진행 방향을 향해 각도가 약간씩 조절하고 행해야, 불편함이 덜하다.

대각선일 경우, 크로스 상태에서 이루어지므로 트리플 시 마지막 3보는 항상 진행 방향을 향해 각도가 약간씩 조절하고 행해야, 불편함이 덜하다.

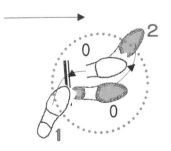

프롬나드 기본 워크

콤비네이션 워크- Combination Walk-토우, 스웨이를 사용.

프롬나아드 표지션을 이용한 전진-동작이다. 카운트의 변화가 사용되어 생동감을 자아낸다. 같이 걸어가면서 이루어지는 하모니다.

여성스텝

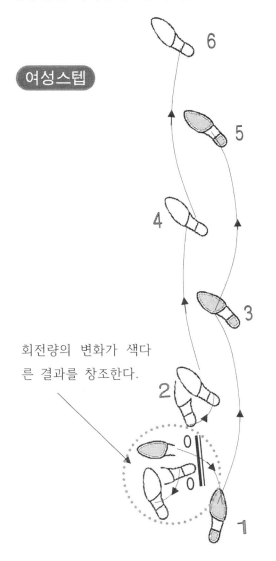

회전량의 변화가 색다른 결과를 창조한다.

서로 마주 본 상태에서 프롬나아드 포지션을 취하려면 오른쪽으로 회전을 해야한다.

회전량의 차이가 확연하게 나타나는 비교를 참고해야 한다. 1/4과 1/8회전을 하는 경우로 구분해 어떤 차이가 나는 지 비교를 해야한다.

1/4회전을 할 경우는 앞을 정면으로 향한 후 다시 왼쪽으로 회전을 하여 프롬-나아드 자세를 취하고 워크를 진행한다.

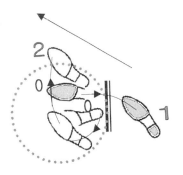

프롬나드 기본 워크

콤비네이션 워크- Combination Walk-

컴비네이션 워크- Combination Walk-토우, 스웨이를 사용.

컴비네이션의 원활한 동작을 이루기 위해서는 중간에 토우(Toe), 볼(Ball)
을 사용한 트위스트 동작, 탭, 스웨이 동작이 필요하다.

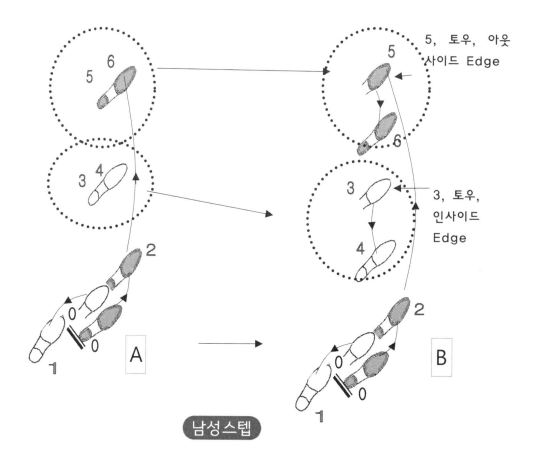

전진 방향은 직진, 대각선이 주를 이룬다. 대각선일 경우, 크로스 상태에서
이루어지므로 트리플 시 마지막 3보는 항상 진행 방향을 향해 각도가 약간
씩 조절하고 행해야, 불편함이 덜하다.

콤비네이션 워크- Combination Walk-

콤비네이션 워크- Combination Walk-

토우 사용할 때 인사이드, 아웃사이드, 스웨이 동작을 첨가 활용한다.

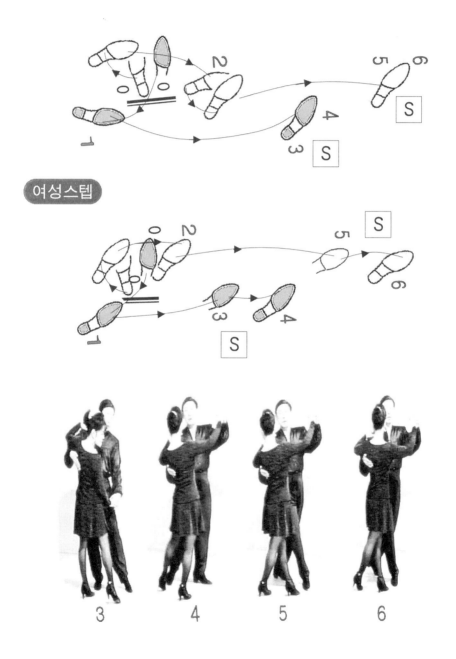

여성스텝

콤비네이션 워크- Combination Walk-트위스트 동작을 이용

기본 워크는 프롬나드인데, 변화를 주어 다양하게 나타낸다. 스텝마다 트위스트 동작을 하는데 회전량은 1/8-1/4로 이루어진다. 회전량의 조절은 취향에 따른다. 일반적으로 옆으로, 앞으로 하여 1/4 정도 상체를 회전한다. 발의 회전량은 이것에 준해 조절하는데 이 역시 각자의 취향에 따른다.

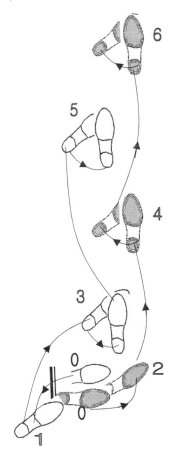

3보와 4보를 행함에 있어 방법을 논하는 것이다.

S 카운트 1보를 행하기도 하고, Q, Q 으로 구분하기도 하고, S,a로 구사하기도 한다.

행하는 선택은 각자가 택함이다. 스웨이, 스트레이트를 반복하는 것이다. P.P 상태를 유지하면서 행한다.

왼발, 오른발을 차례로 사용하여 좌, 우 반복을 하지만 나가는 방향은 직선으로 한 곳을 향한다.

Q, Q, Q, Q 으로 진행하는 Q 의 반복 경우는 트위스트 동작이 첨가된다.

스웨이 시 시선은 발끝, 정면을 차례로 반복, 정면을 향한다.

트위스트 기본 워크

남성스텝

콤비네이션 워크- Combination 더블홀드 워크-C.P.P로 연결

트위스트 동작을 사용 할 때 카운트를 Q을 사용하는 경우가 많은데 "S" 와 "Q"을 겸용해서 2회씩 번갈아 활용하는 것도 보기가 좋다. 4회 Q으로 활용하는 것은 빠른 경우, 구사자의 취향에 따라 활용하면 좋을 것이다. 변화란 발상의 전환이다. 트위스트 동작을 할 때 좌, 우로 방향을 전환하는데 역으로 우,좌로 한 번 시도해보는 것도 좋다. 새로움이다. 팔-동작도 변화를 시도한다. 2보와 3보 사이에서 전환을 할 때 시도한다.

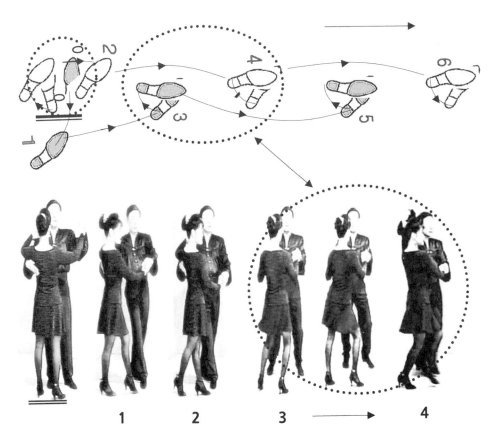

3, 4의 진행과정이다. 자세한 동작을 구분하면 중간에 볼을 사용한 트위스트 동작을 사용. **S** 또는 **Q**을 사용하는데 템포만 조절, 요령은 같다.

콤비네이션의 마무리연결

한 동작을 완성하기 위해 그 이전에 즉, 선행으로 어떤 동작이 어울릴까? 또는 다른 성격이더라도 어떤 부류의 동자가을 연결하는 것이 색다른 조화 또는 원만한 흐름을 이어갈 것인가?

같은 값이면 다홍치마라고 동작이 흡사하여 선행인지? 본행인지? 후행인지? 구별이 안 될 정도로 연결이 된다면 스마트한 조합이다.

왼쪽의 동작은 역 C.P.P 동작인데 여성이 좌회전 하며 스로우 어웨이로 바로 연결된다.

여기에서 다른 동작 즉 윈드-밀 같은 동작으로 연결하여도 괜찮을 것이다.

마무리 연결

Q   a   Q

여성스텝

윕 스로우 어웨이 - 스톱 앤 고
Whip Throwaway - Stop & Go

윕 동작에 이은 스로우 어웨이 그리고 스톱 앤 고를 연결한 것이다.

윕(Whip) 이란? 채찍을 휘감아 돌리듯 홀드 상태에서 감고 도는 형상이다. 팽이를 감아 돌리듯 감고 풀어주는 것이다. 윕 에서는 참으로 많은 응용 동작들이 나온다. 룸바의 로우프-스피닝을 하듯 한 손, 혹은 두 손을 사용해 여성이 남성을 중앙에 두고 돌고, 서로 같이 회전하며 행하기도 하고, 변화가 다양. 관심 사항이다. "스톱 앤 고" 역시 응용 동작이 많이 나온다.

윕 스로우 어웨이--- Whip Throwaway

4번에서 이미 윕-스로우 동작은 검증이 되었다. 설명되었다는 말이다.

여기서는 다른 형태의 윕도 알아보자. 윕 이란? 피겨를 하면서 우리는 1, 2에서 남성의 경우 오른발을 뒤로 후진하며 회전하여 왼발을 연결하였다. 후진한다는 것은 여성에게 길을 열어 공간을 충분히 확보해준다는 의미가 강하다, 약간 신사적이다, 한편으로 볼 때는 소극적인 면이 나타난다. 그럼 적극적인 방법은 무엇인가? 양보하고 길을 열어주는 것이 아니라 서로 간의 공간을 활용하여 전진하면서 회전을 하는 것이다.

마주 보면서 전진하며 행하는 동작이다. 서로가 전진하며 회전한다. 전투적이다. 익숙하지 않다면 부딪힐 수도 있다. 그러나 그런 염려는 없다. 공간을 서로가 활용하는 것이니까. 서로 강열이 만났다가 편안하게 헤어지는 것이다. 만남이란 이별이 전제되듯 댄스에 있어서 항상 클로즈, 오픈이 반복되듯 말이다. 1, 2즉 2보를 사용하는 것이 기본 패턴이나 4보를 하기도 한다. 반복하는 것이다, 금방 헤어지기 아쉽다는 말. 1, 2에서 1, 2, 3, 4로 이어지니 남성은 오, 왼, 오, 왼발로 이어진다. 끝맺음은 오른발로 R-샤세를 행한다. 다시 새로운 동작으로 이어진다. 이것이 윕의 응용이다.

---선행이 답이다. 자이브의 키(Key)다.

윕을 행하기 이전에 선행에서 즉 자이브 링크의 진행방법이다.

모든 피겨가 마찬가지로 행함에 있어 방향과 진로를 확실하게 해야 한다.

크게 나누어 보면 **전진**하면서 행할 것인가? **후진**하면서 행할 것인가?

다음에는 왼쪽인가? 오른쪽인가? 아니면 대각선으로 비스듬히 하나? 를 결정해야 한다. 이 역시 전, 후진이 중간에 삽입된다. 링크란? 스텝 이 전에 자이브 에서는 연결고리다. 모든 피겨를 이어주는 징검다리다. 이것에 대한 정확한 행사가 이루어지지 않는다면 실패다. 허리 벨트가 끊어지는 형상이다.

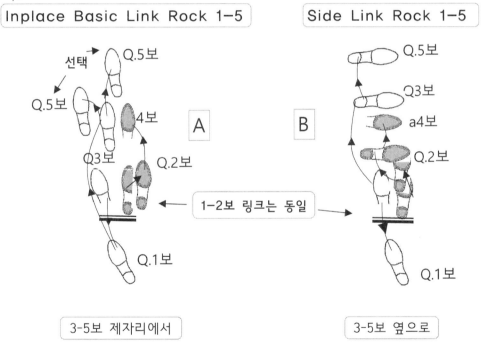

Inplace Basic Link Rock 1-5

Side Link Rock 1-5

선택

Q.5보

Q.5보

Q.5보

Q3보

4보

a4보

A

B

Q3보

Q.2보

Q.2보

1-2보 링크는 동일

Q.1보

Q.1보

3-5보 제자리에서

3-5보 옆으로

대체로 많이 사용하는 방식을 골라보았다. 별것 아닌 것이 아니다. 선택에 따라 이어지는 맛이 달라진다. 아주 간단하고, 기본적이지만 이 다른 방향 선택이 후행 피겨들에 대한 흐름이 달라진다. 개념 없는 댄스, 있는 댄스의 차이가 나타난다. 사소한 것 같아도 차이는 엄청나다, 다른 종류도 많으나 여기서는 이 정도로 ---. **3-5보는 로킹을 사용하라.**

윕의 선행-인플레이스 전반부와 후반부의 활용

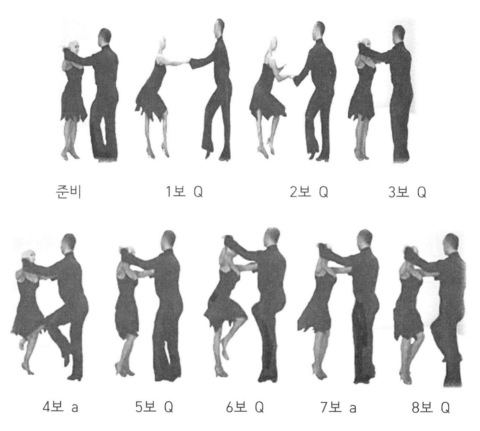

| 준비 | 1보 Q | 2보 Q | 3보 Q |

| 4보 a | 5보 Q | 6보 Q | 7보 a | 8보 Q |

어떤 동작 또는, 피겨를 연결하더라도 항상 그 이전에 자연스럽게 또는 그 피겨를 돋보이게 하거나 동작의 특성을 잘 나타나게 하는 전반부와 같은 역할을 하는 동작이 나타난다. 연결고리다.

물 흐르듯 막힘없이 스크린이 나타난다. 물론 여러 동작들을 취향에 따라 선택을 할 수 있지만 일반적으로 많이 선택, 과정에 맞추어서 행하는 것이 제일 아름다운 것이다. 6,7,.8보를 후반부로 하여 기본동작에서 앵커스텝으로 활용을 많이 하는데 반대로 연결 시에는 생략되는 경우가 많다. 다른 동작에서도 많은 비교와 판단이 필요하다. 간단한 것 같아도 매우 중요한 사항이다.

스톱 앤 고- Stop & Go - 살사에서 Catch Back과 동일

1보 Q

2보 Q

5보 Q

4보 a

3보 Q

6보 Q

7보 Q

8보 Q

9보 a

10보 Q

스톱 앤 고- Stop & Go - 살사에서 Catch Back과 동일

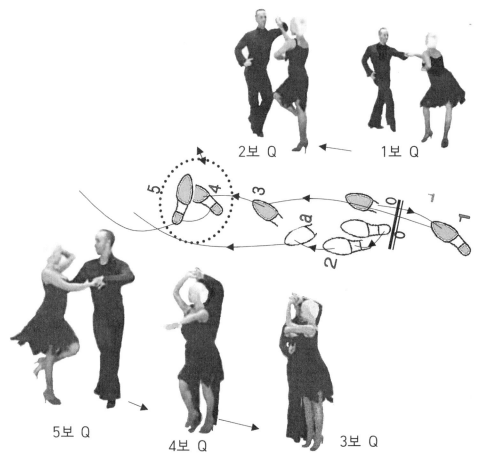

2보 Q   1보 Q

5보 Q   4보 Q   3보 Q

1-5보 진행하면서 다음 6-7 보 에서 남성은 전진, 여성은 후진 8-10보
는 남성은 후진, 여성은 전진한다. 남성은 6보 전진하면서, 여성 후진하
도록 리드, 7보에서 여성이 앞으로 나오도록 리드. 움직이는 방향과 리드
가 역방향이므로 강한 C.B.M이 요구된다. 남성은 손을 들어 언더-암-턴
을 행하고 오른손은 여성의 등 쪽에 위치, 더 밀리지 않도록 리드. 곧바
로 여성이 오른쪽 샤세 하면서 남성과 마주하도록 한다.(전체 발 보수는
10보)

스톱 앤 고- Stop & Go - 후반부 진행

발 보수만 연결하여 표시, 카운트는 편의상 1부터 시작. 5,6,7,a,8,-
점선 표시까지 후행은 마무리 사이드 샤세-앵커스텝으로 사용.

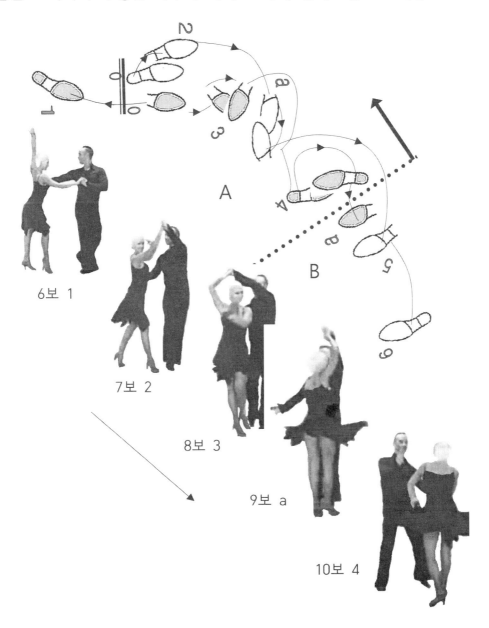

6보 1

7보 2

8보 3

9보 a

10보 4

스톱 앤 고-Stop & Go -후반부 회전응용

원안의 회전 타이밍을 잘 구별하여 판단
하여야 합니다. 구성에 따라 달라집니다.

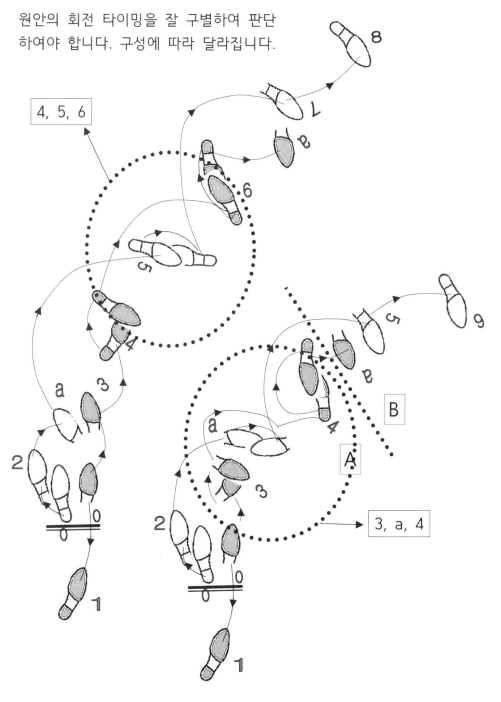

여성 2회 우회전 하기

전진하며 이루어지는 2회 우회전이다. 여성의 필수 숙련과정
이다. **마구잡이 회전**하는 것과, 정확하게 방향과 회전량을
숙지하고 행함의 차이는 매우 크다. **짝퉁**과의 차이다.

중요한 것은 오른쪽으로 방향을
이어가며 회전을 한다는 것이다.

여성은 회전 시 남
성의 리드와 탄력
을 이용하여 버팀
목으로 활용 한다.
테크닉 이다.

남성 왼손 역할

초보적인 단계에
서 일반적으로 회
전 시 3a4
즉 5보에서 회전
한 후 5a6로 끝내
는 것으로만 착각
하는 경우가 많다.
5,6에서 회전하고
7a8로 마무리 하
는 상급과정의
테크닉 이다.

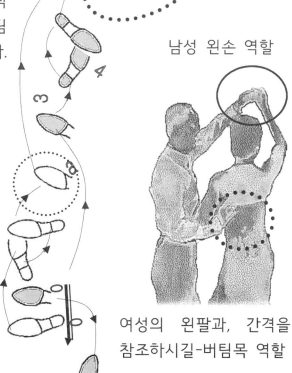

여성의 왼팔과, 간격을
참조하시길-버팀목 역할

여성 2회 우회전 하기

회전하는 방법은 다양하다. 어느 카운트에 시작을 하는가에 따라 구사방법이 달라진다. 당신도 차분히 행할 수 있다. 발진의 타이밍이 언제인가? 테크닉이다.

1보 Q 　　 2보 Q 　　 3보 Q 　　 4보 a 　　 5보 Q

6보 Q 　　 7 보 Q 　　 8보 Q 　　 9보 a 　　 10보 Q 　　 5보-9보 까지 연속 회전

윕 스로우 어웨이-스톱 앤 고-Whip Throwaway - Stop & Go

윕 스로우 어웨이를 행하고 **스톱 앤 고**를 연결하여 진행하는 과정이다.
순서: 1, 2, 3a4, 5, 6, 7a8-반복 진행. 백-윕을 행하고 연결한 경우.

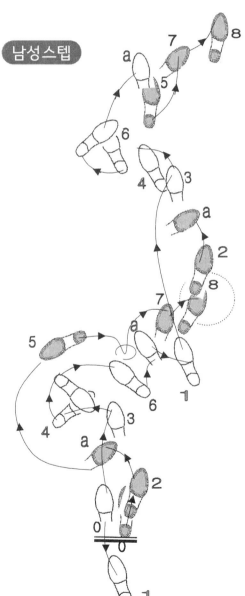

남성스텝

회전량의 가감으로 방향이 달라질 수도 있다. 5보 4에서부터 회전이 진행되기도 하는데 6,7보 카운트 5, 6에서 a를 삽입하여 행하면 또 다른 맛이 살아난다. **윕-스로우-어웨이**도 여러 방법이 있다. 후행의 연결에 따라 위치가 달라진다.

댄스에 있어서 남성의 역할은 리더다. 여성 또한 진행, 그 역할이 중요하다. 여기서는 남성이 바빠진다. 그만큼 신속함이 요구된다. 여성 또한 회전에 이은 동작이 연속으로 이어지므로 진행 과정에 집중을 해야한다.
남성의 경우 **윕**에서 **백-스텝**을 행하며 회전을 한다. 트위스트 동작을 이용하는 경우도 있는데 상대와의 간격, 숙련도에 따라 각자가 조절하면 된다. 왼손으로 연속리드. 전, 후반부 연속이다.

윕 스로우 어웨이-스톱 앤 고-Whip Throwaway - Stop & Go

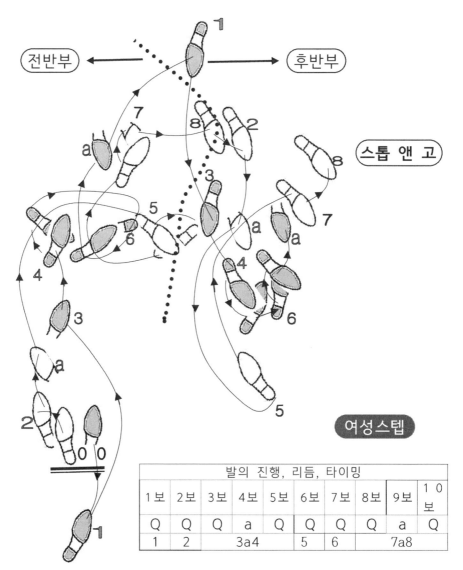

발의 진행, 리듬, 타이밍									
1보	2보	3보	4보	5보	6보	7보	8보	9보	10보
Q	Q	Q	a	Q	Q	Q	Q	a	Q
1	2	3a4			5	6	7a8		

족형도를 보면 매우 복잡한 것 같아도 실제로 차근히 살펴보면 복잡한
것은 아니다. 전반부 10보와, 후반부 10보이다. 전반부는 **5,6,7보에서 스
핀-턴**을 하는 것이고, **후반부는 좌회전, 우회전**을 연결하는 마무리 동작
이다. 주먹구구식의 댄스에서 벗어나 흐름을 읽어가면서 즐기는 댄스를
구사 합시다. 후반부는 남성이 왼손으로 여성 오른손 잡고 행한다.

더블핸드홀드링크-윈드밀-스패니시암
Double Hand Hold Link-Wind Mill Spanish Arms

더블 핸드 홀드 링크

양손을 잡고 행하는 링크다. 링크에서 설명했던 한 손, 양손이다. 양손의 경우는 **"슈가 푸시"를 행하는 것과 같다.** 링크를 양손으로 하면서 1-2보를 행하고 3-5, 6-8까지 좌우로 방향을 틀어가면서 회전을 가미한다.

A   단순 푸시형-밀고 당기기

1보와 2보에서는 어찌 되는가? 1-2 보 에서 링크를 하는데, 1보에서 뒤로 가니 절로 밀게 되고, 2보 앞으로 가니 서로 만난다. 미워도 다시 한 번이다. 이어서 3-5보는 서로가 갈 곳을 정해 움직인다.

회전하고 방향을 정해 페달을 밟으려 한다. 6-8보는 각자 갈 길로 간다. 미련없이 푸시-Push-밀다-보낸다. 6-8 보는 서로 간의 간격과 강도를 조절하여 민다. 만남의 반복. 3-5보 좌, 우로 이동이 이루어진다. 상체의 스웨이는 원칙에 준함. 양팔은 텐션을 유지하면서 간격, 방향, 강도를 조절하며 프레싱이 작용된다.

3-5보, 6-8보 좌우 방향 설정은 2보 오른발에서 결정된다. 시작에서 피니시 까지 방향은 일정하다. 오른쪽으로 향하면 여성은 남성이 왼쪽, 왼쪽으로 향하면 여성은 남성의 오른쪽에 위치하게 된다.

리드는 밀고 당기는 푸시, 풀의 연속이 된다.

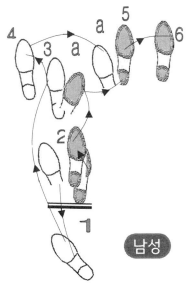

- 175 -

리드의분석 단순형과밀고, 틀고, 당기는형의리드스타일비교.

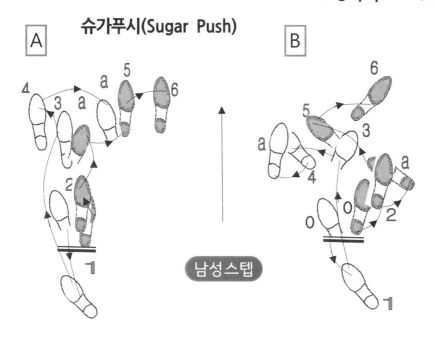

슈가푸시(Sugar Push)

남성스텝

남성의 리드 방법에 대한 분석을 하려면 정확한 패턴을 분석해야 한다. A의 경우는 탁상행정의 전향적인 본보기다. 일반적으로 자이브를 행함에 있어 지도하는 방법 또한 이 방식으로 많이 하고 있다.

맞는 방법이다. 틀렸거나 문제가 있다는 것은 아니다.

약간씩의 차이는 있을망정 흐름은 같은 것이다.

그렇다면 문제점이란? 이해하는 경우은 다 이해하고도 남음이 있다.

중요한 것은 실전에서 리드를 행할 때 고지식한 방법으로 그대로 한다면 안 된다는 것이다.

B와 같은 방식으로 본인도 모르게 움직여지고 또 그렇게 행해야 상대방에게 리드가 전달이 된다는 것이 어려움이다.

강사가 실전 경험 그것도 스타일이 다른 사람들과 많이 접해본 사람은 고지식한 방법을 고집하지는 않는다.

B의 방법을 동시에 알려준다는 것이다. 그 차이다.

리드의분석 단순형과밀고,틀고,당기는형의리드스타일비교,

초. 중급자용 스타일 (Popular Variation)

슈가푸시(Sugar Push)

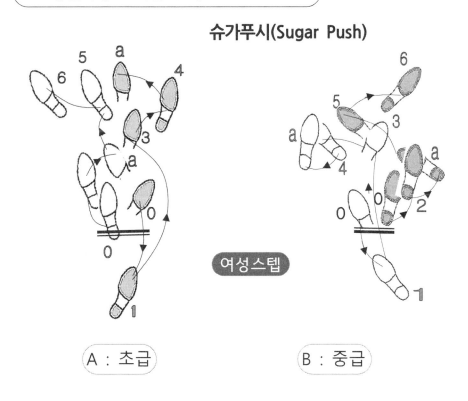

여성스텝

A : 초급   B : 중급

기본적인 형태의 여성스텝 진행과정이다.

A의 진행과정은 단순히 전후진을 위주로 인플레이스 형태다.

B역시 인플레이스 형태이나 좌우로의 스윙이 강하게 나타난다.

틀 자체는 같은 것이나 움직임에 있어서는 많은 차이가 나타난다.

우리는 보통 댄스를 할 때 발을 중시하는 경향이다. 물론 중요한 것은 당연한 것이다. 전체적인 움직임을 요하는 댄스에 있어서 상하의 움직임과 훗트워크 그리고 전체적인 조화가 이루어져야 알찬 댄스가 된다.

여기서 강조하는 것은 발의 활용과 밀당의 부드러움이다. 어디서 어떻게 할 것인가? 천천히 살펴보자.

슈가푸시(SugarPush)

상급자용 스타일 (Advance Variation)-C

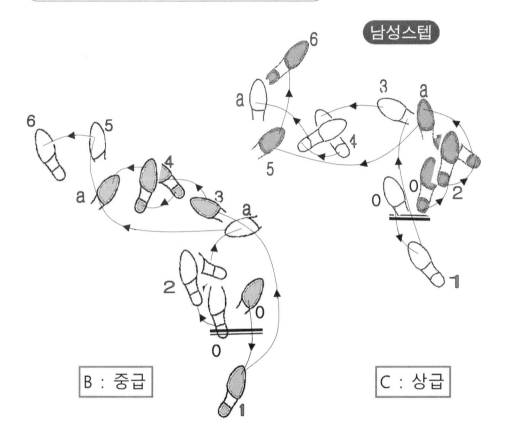

남성스텝

B : 중급

C : 상급

왼쪽 동작과, 오른쪽 동작을 비교하여보자.

C는 B에서 한 단계 더 진화한 과정이다. 실전에서 물론 쇼-케이스도 마찬가지이지만 좌우 움직임이 확실하다. 이의 활용에는 상체의 확실한 움직임과 텐션에 의한 리드 동작이 박력이 넘친다. 활기찬 동작이 이루어진다. (론데와 록킹 동작을 첨가하여 사용, 활용한다.) 여성 또한 이에 맞추어야 하므로 여성 또한 기본적인 동작과는 아주 색다른 움직임이 나타난다.

더블 핸드 홀드-Double Hand Hold
링크-Link, 윈드밀-Wind Mill-스패니시 암-Spanish Arms

| 위치 바꾸며 회전하기 (양손 홀드) | 여성 좌회전 후 따라가며 양손홀드 |

서로 간의 위치를 바꾸어가며 링크를 이어간다. 물론 더블-홀드다. 여기서도 방법에 있어 다른 점이 나타난다. 1보, 2보 링크 후 3-5보 진행, 여성과 남성이 같이 전진하면 맞부딪치게 된다. 이때 중요한 것이 5보인데 각자의 발 사이에 위치하게 된다. 남성은 왼발, 여성은 오른발이 되는데, 남성 왼발이 여성 오른발 아웃사이드에 위치하게 된다. 여성 오른발은 남성의 발 위치한다. 인사이드가 된다. 5보 각자 회전한다. 일단 여성이 좌회전 한 후 남성스텝이다. 좌회전 시 한손으로 리드 후 내리면서 다시 양손홀드를 한다. 6-8보 약간 회전하며 마무리, 어웨이-포지션으로 리드, 간격을 유지한다. 양손 홀드 계속할 경우, 안 할 경우, 간격은 차이가 난다.

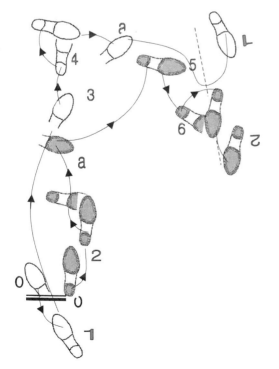

남성스텝

3-5보 각자가 아웃사이드로 행하는 방법도 적용된다.

더블 핸드 홀드-Double Hand Hold
링크-Link, 윈드밀-Wind Mill-스패니시 암-Spanish Arms

사용용도가 매우 빈번한 방법이다. 다이나믹한 형태로 생각하면 된다.
"론데, 크로스 형식이다!"라고 생각하면 쉬울 것이다.
실전용, 쇼케이스용으로 즐겨 사용하는 방식의 한 종류다.

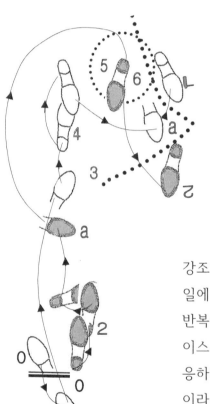

남성스텝

5보 까지 전반부를 행한 후 후행 샤세에서 본격적인 차이가 나타난다. 오른발에서 카운트 "5,6"을 행한다.
왼발 "a" 에서 슬립, 또는 발을 드는 held style을 행하기도 하는데, 그것은 구사하는 사람에 따라 취향에 따라 행하도록 한다.

강조하는 사항 이지만 기본적인 자이브의 스타일에 젖어서는 춤이 발전이 없다.
반복이야기 하지만 자이브는 경기용 종목, 쇼케이스용으로 점핑, 홉 ---스타일로 일반인이 적응하기에는 한계가 있는 것이다. 특화된 스타일이라는 것이다. 보급에 있어서 치우친 스타일이라는 것을 알아야 한다. 지금도 많이 그러 한 점을 수정 중에 있는 과정이다. 보급의 불균형을 해소하려함이다.

국내에서는 선수들, 직업적인 프로를 지향하는 스타일에만 집착, 일반적인 스윙, 린디홉- 보급에 등한시 하는 편이다.

윈드 밀-Wind Mill

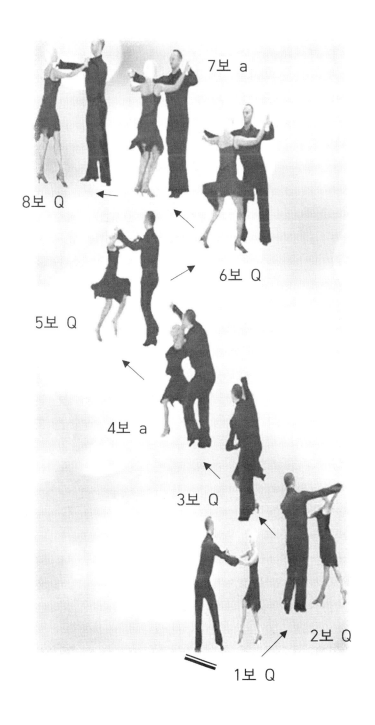

7보 a

8보 Q

6보 Q

5보 Q

4보 a

3보 Q

2보 Q

1보 Q

윈드밀-Wind Mill

기본적인 윈드-밀에 대한 개념을 익히는 과정이다. 단순 1/4회전을 옆으로 비켜서며 하는 경우. 우로 샤세를 하면서 여성과 마주 보면서 마무리하는 과정. 반복하여 회전을 각을 잡으며 하여 완전 1회전을 하는 경우. 비교하면서 연습. 실전에서는 앞에 설명한 족형도를 익히면 됩니다.

[동작, 리드 개념 익히기] 단순 윈드-밀 동작

남성스텝

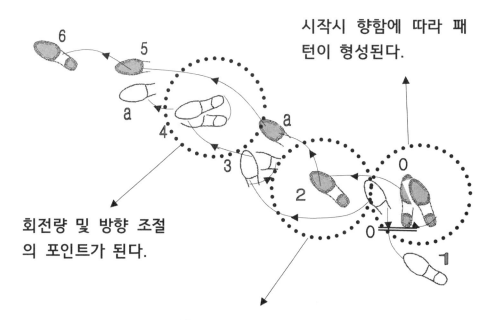

시작시 향함에 따라 패턴이 형성된다.

회전량 및 방향 조절의 포인트가 된다.

전체적인 흐름을 일러준다. 대전제가 된다.

윈드 밀-Wind Mill-전체연결 동작

전반부

여성스텝

록킹 동작이 바람직하다.

윈드밀-Wind Mill-전체연결동작

선풍기 날개가 돌 듯 부드럽게 원을 이루며 행하는 여성의 기교.
중간에 각을 이루어 회전하며 돈다.

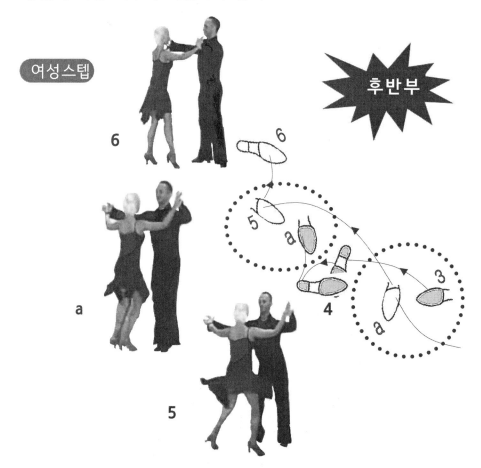

여성스텝

후반부

선풍기다. 이 피겨에서 남성은 선풍기의 몸체 중심인 모터 역할을
한다. 여성은 선풍기 날개 역할을 하는 것이다. 모터가 시원치 않
으면 날개가 잘 돌지 않는다. 강력한 파워가 필요하다. 날개가 몸
체와 잘 연결이 되어있나, 더블 홀드가 정확하면서, 리드 타이밍도
안정적인가? 호흡이 잘 맞아야 한다. 동시 패션이다. 순풍에 돛 단
배처럼. 회전량은 숙련도에 비례, 간격도 조절하면서 행한다.

윈드밀-Wind Mill-런닝샤세 활용법

로킹(Locking)과 런닝(Running)샤세의 가성비 비교와 활용

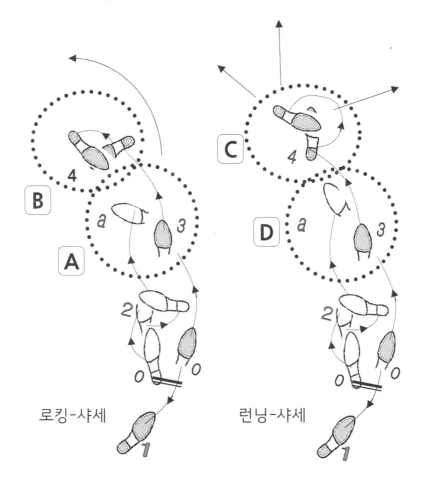

로킹-샤세   런닝-샤세

자이브에 있어서 중요한 점이 많지만, 그중 샤세의 활용과 바운스는 필수 항목이다. 특히 라틴댄스에 있어서는 더욱 그렇다. 샤세-의 활용법은 다양하다. 그중 부분적으로 비교해보자. 런닝을 사용할 경우 고속 도로 진행이요, 로킹이나 좌우-샤세의 경우는 일반도로 진행이다. 정지시 브레이크페달을 나누어 밟는 것이 A,B의 경우이고, 급브레이크를 밟는 것이 C,D의 경우이다. B,C의 회전량에 따라 여러 방향으로 진행이 전개된다.

스패니시 암-Spanish Arms-A

기본적인 동작은 양손-홀드로 하여 양손-홀드로 마무리. 남성은 왼손
과 오른손을 순차적으로 밀고 당기면서 리드를 행한다.

1보

2보

3보

4보

5보

6보

7보

8보

스패니시암-Spanish Arms-B

마무리 부분에서 달라지는 형상이다. 시작과 과정은 같으나 끝 부분에
서 단순-회전 인가? 더블-회전 인가?의 차이다. 일반적으로 이런 경
우가 많이 나타난다. 한 패턴에서 여러 경우가 나오기 마련. 여기서
중요한 부분은 2보에서 여성이 남성의 앞부분에 위치하는 것이다.

여성스텝

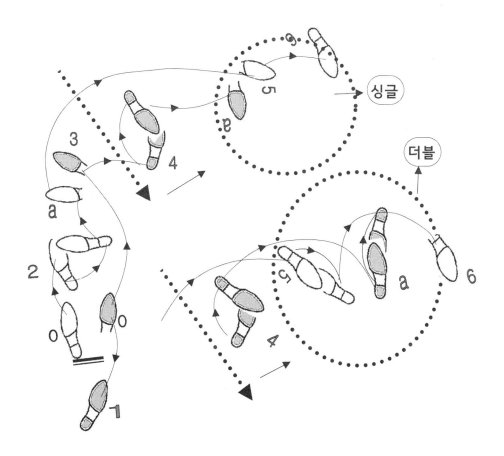

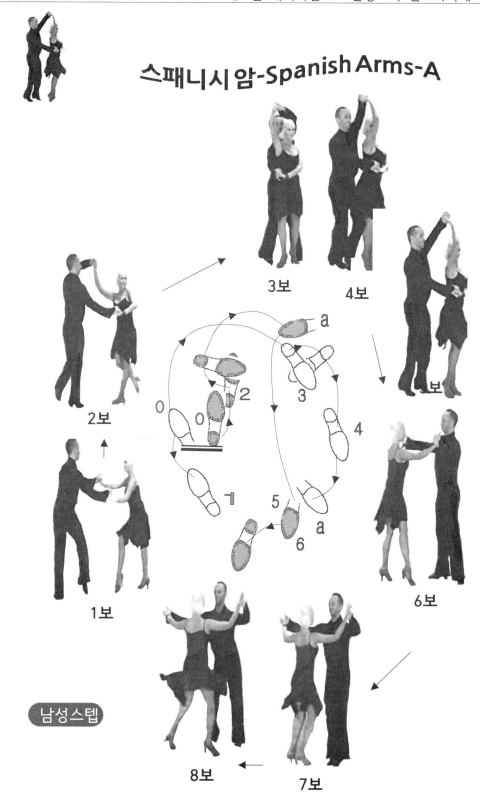

스패니시 암-Spanish Arms-A

3보

4보

2보

1보

남성스텝

8보

7보

6보

스패니시암-Spanish Arms-B

투우사들의 동작을 묘사하는 부분이 중간에 5a6에 삽입이 된 피겨다.
투우사들이 "카포테"를 흔드는 것처럼 1, 2에서 상대방의 팔을 들어 방
향을 전환하며 틀어 회전하며 이어가는 형태다. 스텝의 색다른 점이 있다
면 이 피겨를 할 때 링크에서부터 색다른 리드가 들어간다. 원래 링크에
서 행해지는 리드지만 양손으로 밀고, 당기고 즉 풀, 푸시를 연속으로 이
어가는 것이다. 스로우 어웨이와, 스핀으로 이어지는 피니시 동작.

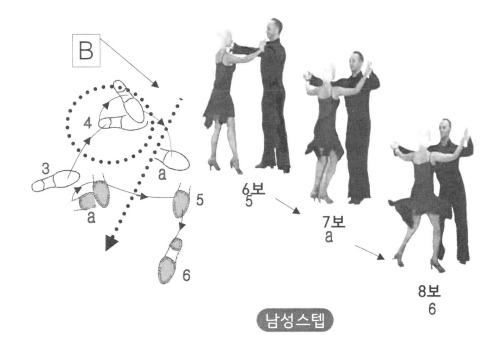

남성은 **카운트 "4"**에서 "5보"가 되는데, 다른 경우도 마찬가지지만
강(强)의 리드가 확실해야 한다. 좌, 우 비틀림이 연속이기 때문에 여성
이 흔들릴 경우가 많다. 올리고 내리고의 구별이 확실해야 한다. 스핀이
행해질 경우는 더더욱 신경 써야 한다. 평범한 스로우가 되느냐? 2회
회전하는 스핀이 되느냐-도 결정된다.

롤링오프디암-Rolling Off The Arm

기본적인 롤링 오프-디-암의 방식이다.

롤링 오프 디 암-Rolling Off The Arm

양손으로 바스켓-포지션을 한 후 상대방을 회전시켜 풀어주고 다시 더블
-홀드로 돌아간다. 스패니시-암처럼 끝 동작은 두 가지로 나뉜다. 스로
우-어웨이, 스핀이다.✌ 페이싱 포지션에서 링크 후 섀도우-포지션을 한
후 양손을 감아 섀도우-포지션을 하고 ❶ 풀어주면서 원-핸드-홀드로 마
무리, ❷ 더블- 홀드로 2회 회전시켜 준다.

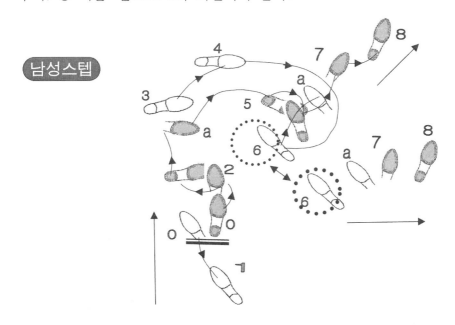

오픈 포지션에서 더블-홀드로 시작한다. 원-핸드로 시작해서 더블-홀드
로 행하기도 한다. 선행에서 마무리 시 이미 더블-홀드로 시작하면 더
편안하다. 요령이다. 이 동작에는 남성이 여성의 왼손, 오른손을 잡고-
하니 2가지 방법으로 크게 나뉘어진다.
남성이 오른손을 사용하여 행하므로 어느 손을 잡고 행하는가에 따라
그 형태가 달라진다. 진행방향, 과정은 같으나 차이가 나는 점은 무엇
인가 살펴보는 것도 즐거운 것이다

롤링 오프 디 암-Rolling Off The Arm

남성 기준으로 보세요!

전반부

남성스텝

롤링오프디암-Rolling Off The Arm

후반부

8

남성스텝

8

7

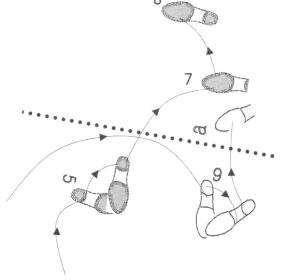

a

7

발의 진행, 리듬, 타이밍							
1보	2보	3보	4보	5보	6보	7보	8보
Q	Q	Q	a	Q	Q	a	Q
1	2	3a4			5a6		

롤링오프디암-쇼울더스핀

2보에서 여성과 남성의 역할에 따라 흐름이 결정된다. Hook Style

준비　　　　　1보-Q　　　　　2보-Q

5보-Q　　　　4보-a　　　　3보-Q

롤링오프디암-쇼울더스핀

남성은 여성을 회전하도록 할
때 손의 높이, 언제 올리고 내
리는가? 조절을 해야한다. 무
책임한 남성은 기준이 모호하
다.

남성의 위치가 왼쪽인가, 오른쪽인가에 따라 왼손, 오른손 많은 변
화가 생기고 부지런한 남성은 양손을 교채 재미있게 운용한다.

롤링 오프 디 암-쇼울더 스핀

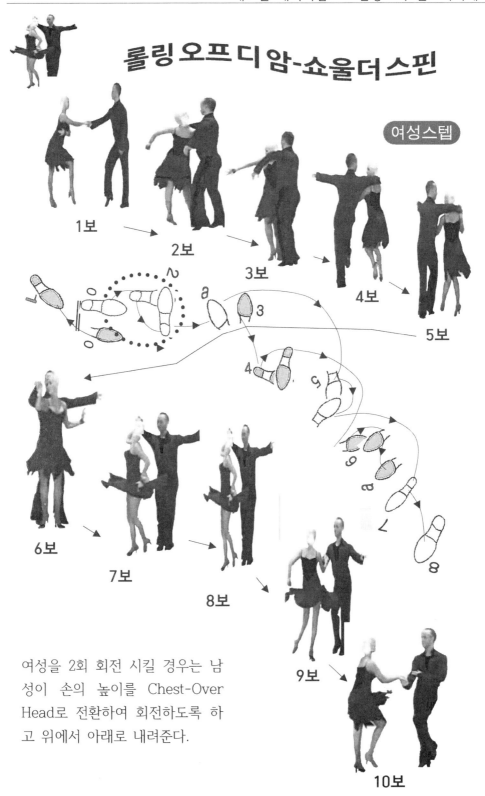

여성스텝

1보

2보

3보

4보

5보

6보

7보

8보

9보

10보

여성을 2회 회전 시킬 경우는 남성이 손의 높이를 Chest-Over Head로 전환하여 회전하도록 하고 위에서 아래로 내려준다.

심플스핀-Simple Spin-

여성스텝

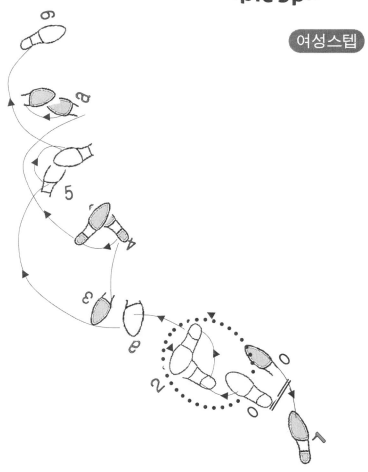

심플 스핀에서 중요한 부분은 전반부와 후반부로 나누어진다.

전반부에서는 5보인 4카운트에서 여성이 좌회전을 하는데 피봇-틴을 이용한다. 트위스트-턴을 가미하여 사용도 한다. 구사자의 능력이다. 두방법을 혼용하듯 사용하면 더욱 안전을 기한다.

5보의 오른발이 회전할 시 6보인 왼발은 들린상태(Held)를 유지하며 딕고 다음 동작으로 이어진다.여성의 족형도를 위주로 설명합니다. 남성의 위치도 같이 확인 바랍니다.

심플스핀-Simple Spin-

심플스핀-Simple Spin-

심플 스핀의 경우, 활용하는 방법은 다양하다. 여성을 회전하도록 한 후 즉 보내주고 마주보며 행하는 경우, 사이드 포지션에서 행하는 경우 등 다양하다. 여기서는 기본적인 패턴의 경우를 적용하였다.

여성을 좌회전 하도록 한 후 전진 샤세 그리고 여성을 좌회전 하도록 한 후 페이싱 포지션 상태를 유지하도록 한다. 마무리에서 다른 동작으로 연결이 가능하나 그것은 구사자의 능력과 취향에 따른다.

심플스핀-Simple Spin-선행-본행

시작시 향함에 따라 패
턴이 형성된다.

회전량 및 방향 조절
의 포인트가 된다.

전체적인 흐름을 일러준다.
대전제가 된다.

남성스텝

심플스핀-Simple Spin-핵심

좌회전을 하도록 한 후 남성이 여성과 나란한 형태를 취한다. 이 경우 남성과 여성은 간격 조절에 유의 해야 한다. 남성은 왼팔, 여성은 오른 팔이 접촉하게 되는데 초보의 경우 어깨가 부딪히거나 팔이 걸리는 경우도 발생한다. 팔을 구부린 채 텐션을 유지해야 한다.

이 동작에 있어 중요한 시점은 6에서 나타난다. 왼발 6에 체중을 얹고 우회전 준비를 한다. 6에서 체중을 얹으면서 곧바로 다음 동작을 이어 가도록 한다. 상급자는 다음의 1,2에서 우로 연속회전을 하고 초, 중급 에서는 오른쪽으로 3/4회전을 하여 마무리 동작을 한다.

카운트 "4"에서 남성과 여성은 나란히 서는 위치를 확인한다. 3a4에서 좌 회전을 한 후 5,6에서 전진-샤세, 6에서 우로 회전-준비 하고, 2회전, 또 는1/4회전을 하면서 방향과 위치를 정해 진행하기도 한다. 숙련도의 차이 에 따라 흐름이 달라진다. 회전 시 타이밍을 정확, 편하게 하도록 한다.

심플스핀-Simple Spin-여성

여성스텝

심플스핀-Simple Spin-여성

7

8

c.p.p자세를 취하듯 한다. 여성오른손, 남성 왼손을 텐션유지하며 왼쪽으로 리드

사진은 구분동작을 나타낸 것이다. 각보에 두 동작씩 표기하였으므로 천천히 살펴보시기 바랍니다.

6에서 여성은 오른쪽으로 1/4우회전하며 회전을 할 준비를 한다. 남성 역시 여기서 여성이 회전하도록 미리 틀어주면서 텐션을 유지하도록 한다. 숙련도에 따라 2회전을 하기도 한다. 8에서 중심을 잘 유지한다.

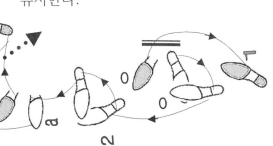

심플스핀-Simple Spin-여성

심플 스핀의 경우 중요-점은 후반부에 나타난다. 직선으로 좌회전 한 후 나란히 선 후 전진-샤세, 좌회전하면서 후진하는 일반적인 경우로 연속할 경우 무엇인가 심심해진다. 덧없는 세월 같은 연결이다.
여기에 흥미를 가하는 방법이 있다. 우리는 그것을 참고해야 한다.
물론 **상급과정 테크닉**이지만 초, 중급 과정에서도 정확히 이해한다면 얼마든지 할 수 있다.

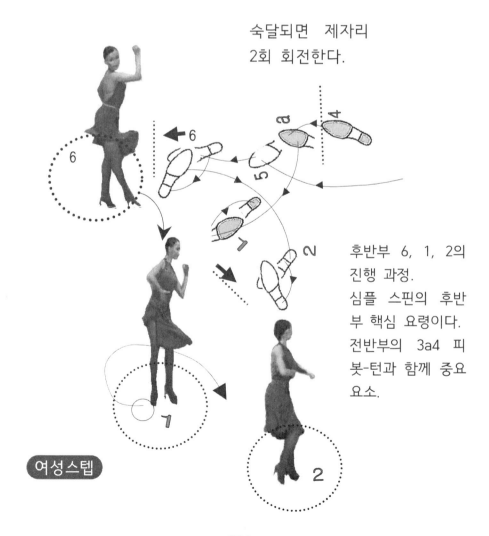

숙달되면 제자리
2회 회전한다.

후반부 6, 1, 2의 진행 과정.
심플 스핀의 후반부 핵심 요령이다.
전반부의 3a4 피봇-턴과 함께 중요 요소.

여성스텝

심플 스핀-Simple Spin - 아날로그 패턴

오픈-페이싱 포지션으로 시작. 여성을 좌회전하도록 리드한다.
회전량에 따라 후행 연결 동작. 진행방향이 정해진다.
그에 따른 남성의 진행 또한 리드와 같이 변화한다.

남성스텝

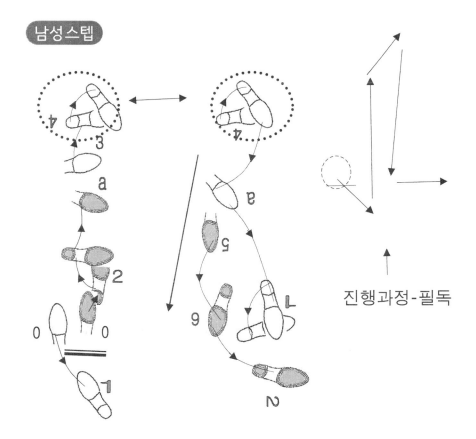

진행과정-필독

오픈 페이싱 포지션으로 시작, 5보에서 남성 왼발이 약간 뒤로 표시된
것은 여성이 3, a, 4에서 회전 하므로 간격을 위한 배려다.
인-플레이스 도 가능. 여성과 사이드-포지션 이룬다. 남성 왼손으로 여
성 오른손을 잡고 진행. (Chest Level).
5a6 전진 후 6에서 왼손으로 여성을 오른쪽으로 회전하도록 리드. 여
성은 이때 오른쪽으로 스핀을 하는 데 불편이 없도록 해야 하고 타이
밍을 잘 맞추어야 한다. 실질적인 회전은 이미 6에서 들어가고 있다.

윕-컬리윕 Whip-Curly Whip

일반적 윕과, 컬리-윕의 구별은 남성의 경우 시작-시 왼발이 전진을 하는가? 아니면 후진을 하는가? 하는 것으로 구별하는 것이 간단한 방법이다. 중간과정에서 후진을 하며 이어가기도 하고, 전진하며 이어가기도 한다. 시작-시 전진하는 경우는 그만큼 간격이 좁아지므로 여성을 곧바로 좌회전 하도록 하기 쉽다. 턱-리드가 들어간다. 다른 방법으로는 팔꿈치에서 각을 세워 리드하는데 이 방법을 겸해서 사용하는 것이 정수다. 발동작을 위주로 설명하므로 손동작이나 움직임은 동영상이나 사진을 참조하시기 바랍니다.

Curly Whip-컬리윕

기본선행

⑥

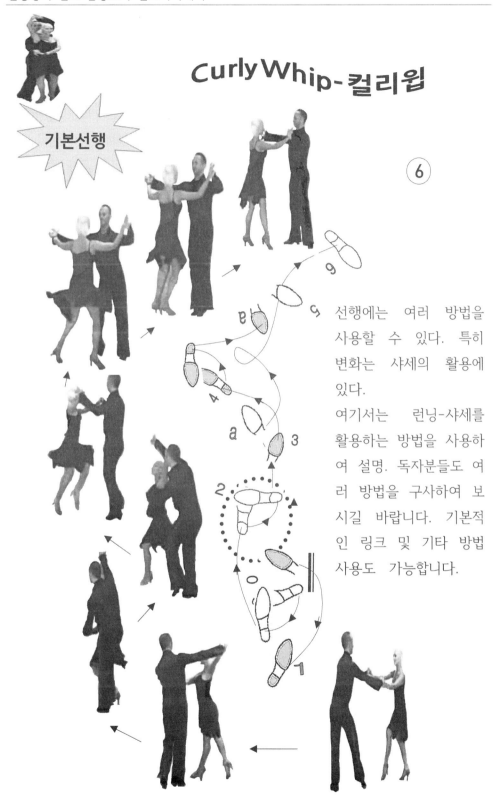

선행에는 여러 방법을 사용할 수 있다. 특히 변화는 샤세의 활용에 있다.

여기서는 런닝-샤세를 활용하는 방법을 사용하여 설명. 독자분들도 여러 방법을 구사하여 보시길 바랍니다. 기본적인 링크 및 기타 방법 사용도 가능합니다.

Curly Whip - 컬리윕

핵심부

4 3 a 2 0

1

4

0

남성스텝

a 3 2 1

남성의 동작을 전반부와 후반부로 구분하여 살펴보았습니다. 전반부를 전체 반복하는 것이 후반부입니다. 결국 2회 반복하는 것이지요. 5보를 두번 반복해서 10보를 이루는 것입니다. 전반부를 행하고 후반부는 다시 시작하는 위치가 다르지요, 방향의 선택에 신중을 기해야 합니다. 리드는 전반부와 동일 합니다. 5보로 끝내고 후행으로 연결하는 방법도 나옵니다. 상급과정에서 사용하는 방법입니다.

Curly Whip-컬리윕

여성스텝

연결방법

7,a,8 에서 구사자의 취향
에 따라 방향이 조절된다.

윕-컬리윕Whip-CurlyWhip-남성스텝

기본적인 남성스텝 형태로 현재 많이 사용하고 있는 패턴이다.
기본적인 사항이다.

후진형의 윕 - Backward Whip-(2Step Style)

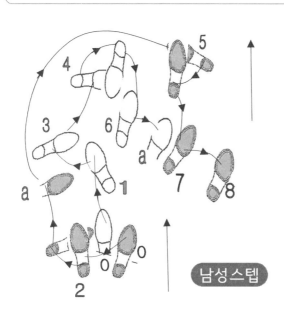

남성스텝

윕 종류는 다양하다.
간단하게 본다면 전진,
후진하면서 4보, 8보로
원을 이루고, 2보를 전
진 또는 후진 후 원을
이루며 진행하는 형태
가 있다. 회전량에 따라
방향이 달라진다.
윕 이란?
감고, 풀어주는 행위다.
휘감기는 감칠맛이 있
어야 한다.

오픈 홀드, 클로즈 홀드상태의 연결을 잘 구별하자. 손의 사용에 대한
유의가 필요하다. 전진하면서 왼발 1보를 행한다. 컬리-윕은 클로즈
홀드 상태로 시작을 한다.

결국에는 돌아와서 원상태를 유지한다. 채찍을 휘두르는 것을 연상하
라. 컬리-윕은 파마머리 하듯 돌돌 말아 올리는 형상이다. 풀면서 다시
원위치는 당연. 여기서 설명하는 것은 다 2보로 행하는 것이다.
4보로 2회 반복하며 원을 이루는 것은 오픈 상태에서 이루어지나, 2보
로 행하는 것은 크로즈 상태로 이루어진다. 중요한 것은 **전진, 후진 중
선택**이다. 여성스텝은 앞부분의 윕(Whip)을 참고하면 된다.

윕-컬리윕 Whip-Curly Whip

회전이란? 걸어서 또는 발의 특정 부분을 이용해서 움직이면서 또는 기준점을 중심으로 해서 직선이 아닌 곡선을 이루면서 보통 작은 크기의 원형 상태를 이루는 것을 말한다. 이에는 반복회전도 가능하고 단순-회전하는 경우도 발생한다. 물론 구사자의 활용에 따름이다.

회전하는 각도, 그 정도에 따라 다음의 진행방향이나 동작이 다 달라진다. 남성의 리드가 중요함은 말 할 나위가 없다.

정확한 회전량을 상대가 충분히 감지, 그에 따른 동작을 이어간다.

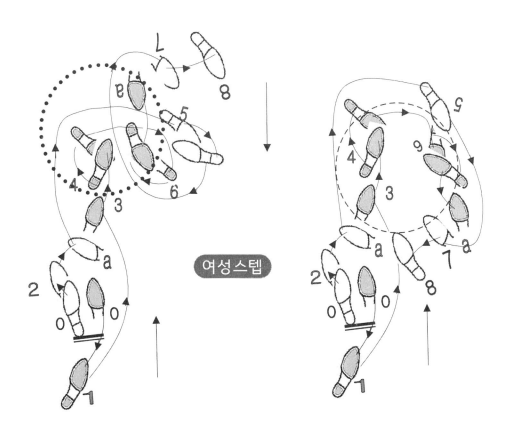

여성스텝

윕 - 컬리윕 Whip-Curly Whip -남성, 여성

남성이 전진하면서 행하는 경우는 약간 생소할 수도 있다. 그러나 후진하면서 하는 것 보다는 좀 더 적극적인 상황이 연출된다.

전진형의 윕 -Forward Whip-(2Step Style)

발의 진행, 리듬, 타이밍									
1보	2보	3보	4보	5보	6보	7보	8보	9보	10보
Q	Q	Q	a	Q	Q	Q	Q	a	Q
1, 2		3a4			5	6	7a8		

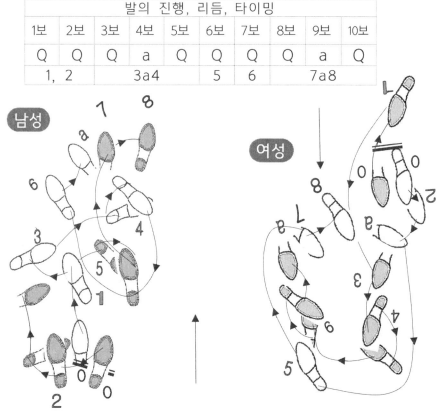

남성의 경우 리드에서 순간적인 타이밍을 놓쳐서는 안 된다. 여성의 진행이 매우 까다로워진다.

얼음판 위에서 도토리 모양의 나무 팽이에 줄을 감고 던지면서 당겨 돌리는 형상이다. 채찍을 감고 잡아당기면 풀어지는 그런 모양이다. 감았다 풀렸다 하는 형태를 이룬다. 감고 풀어주는 행위다. 우선 사진으로 형태를 잡아보자. 전진형의 윕은 오른발을 축으로 하고, 후진형의 윕은 왼발을 축으로 한다고 기억하면 실수는 없을 것이다.

치킨워크선행,텐션분석

치킨워크를 행할 시 사전에 요구되는 **예비동작-텐션**을 유지한다. 다른 동작에서도 항상 요구되는 움직임이다. 간격의 조절에 따라 댄스의 동작구별, 품위, 운동성이 돋보이고 생동감이 나타나는 동작이다. 패턴에 따라 많이 바뀐다. **텐션**이 이루어진 생태에서 다음 동작으로 연결한다. 가해지는 힘의 조절이 중요하다. 여기서는 어느 한 쪽에서 강한 작용을 행하면 안 된다. 안전거리를 유지하면서 갑작스론 변화가 생기지 않도록 하는 것이 핵심. 거리를 유지하며 방향과 높이를 살펴야 한다.

1 여성이 런닝, 크로스 샤세를 행하다 역으로 회전한 경우다. 탄력을 조절하고 중심을 잡아주는 과정이다. 남성과 여성이 힘의 전달이 역으로 진행하는 과정

2 여성이 샤세를 행한 후 역방향으로 회전하는 순간이다. 남성의 리드가 매우 중요한 순간이다. 팅기는 듯한 힘을 전달하여 급브레이크하며 회전하는 형상이 나타난다.

3 동작을 마무리하는 과정이다. 폴어웨이 포지션으로 여성을 좌회전하도록 하는 과정이다. 남성은 왼손과 오른손의 힘의 강도 차이를 계산해야 한다.

4 남성은 후진 , 여성 전진하는 과정이다. 간격과 힘의 안배 중요성이 요구된다. Q,S의 연결이 이루어질 경우 빠르기에도 주의를 해야한다.

OverTurn 오버-턴 분석

여성스텝

런닝 샤세 사용

1

2

3

a

4

5   런닝 샤세 사용   a   6

댄스의 기본은 자리이동이요, 상대방을 편안하게 보내주는 것이다.
서로 간에 공간을 확보하면서 리듬과 박자에 맞추어 아름다운 동작을 취하
면서 공감대를 형성한다. 즐거움이다.

치킨워크-❶ 오버-턴(OverTurn)

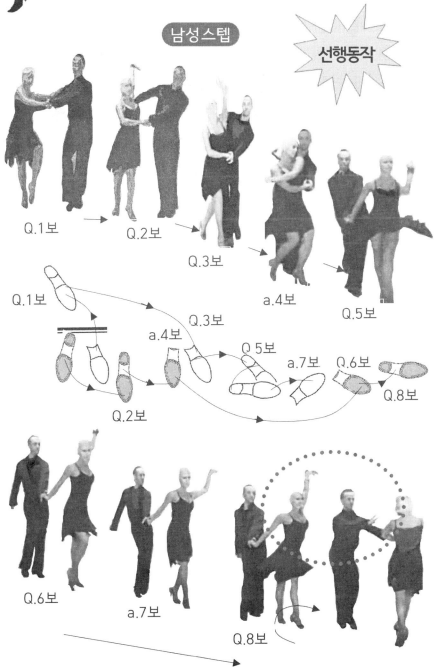

오버-턴에 이은 전진-샤세-로킹과 러닝의 혼합- 샤세 활용.

치킨워크-❷ Chicken Walks

후행동작

치킨-워크는 선행으로 여러 경우가 많지만, 일반적인 상황으로 본다면 러닝 스로우-어웨이를 하고 행하는 것이 무난하다. 숙달된 후에는 구사자의 능력에 따라 여러 방법으로 행할 수 있을 것이다.

이 피겨에서는 여성의 역할이 중요하다. 남성의 경우는 리드에 있어 여성의 손을 좌우로 텐션을 유지한 채 여러 방법으로 리드, 후행으로 연결.

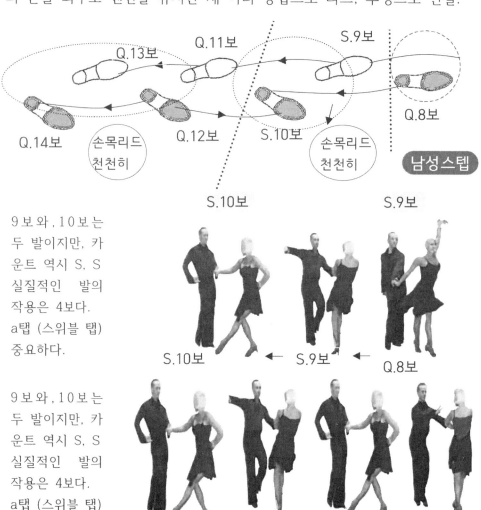

Q.13보 Q.11보 S.9보

Q.14보 손목리드 천천히 Q.12보 S.10보 손목리드 천천히 Q.8보

남성스텝

9보와, 10보는 두 발이지만, 카운트 역시 S, S 실질적인 발의 작용은 4보다. a탭 (스위블 탭) 중요하다.

S.10보 S.9보

S.10보 ← S.9보 ← Q.8보

9보와, 10보는 두 발이지만, 카운트 역시 S, S 실질적인 발의 작용은 4보다. a탭 (스위블 탭) 중요하다.

Q.14보 Q.13보 Q.12보 Q.11보

치킨워크-❷ Chicken Walks

자이브에서 "S" 카운트는 1박자, Q카운트는 반박자로 사용이 된다. 템포 때문이다. "S"-카운트를 2회 반복하는 경우가 대부분이다. 그런 다음 "Q" 카운트 4회로 연결되는 것이 보통이다, 변화도 가능하다.

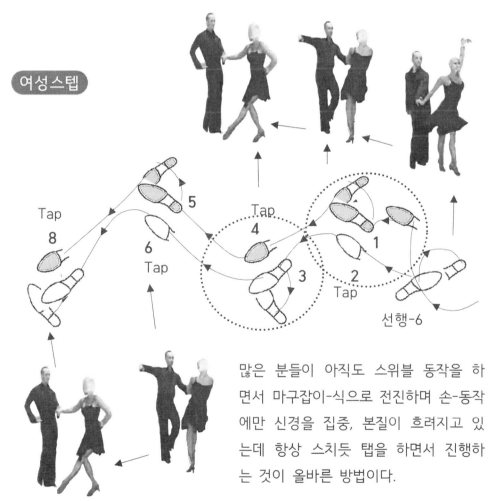

많은 분들이 아직도 스위블 동작을 하면서 마구잡이-식으로 전진하며 손-동작에만 신경을 집중, 본질이 흐려지고 있는데 항상 스치듯 탭을 하면서 진행하는 것이 올바른 방법이다.

치킨워크를 행하면서 주의할 점은 항상 텐션을 유지하여야 하고, 리드를 행하고 따르은 입장에서 과하게 손목을 비틀거나 뒤집거나, 엎었다 하는 식은 나름 개성이나 항상 지나치면 호응을 얻기 힘들다. 중요한 것은 좌우로 상체가 움직인다는 것이다. 스텝명칭 그대로 말이다.

치킨워크-❸ Chicken Walks

후행으로 심플-스핀, 폴어웨이-록ㅡ등 적합한 피겨를 활용.

손목 리드는 상, 하가 교체되는 형태로 돌리듯 좌우로 당기며 리드.

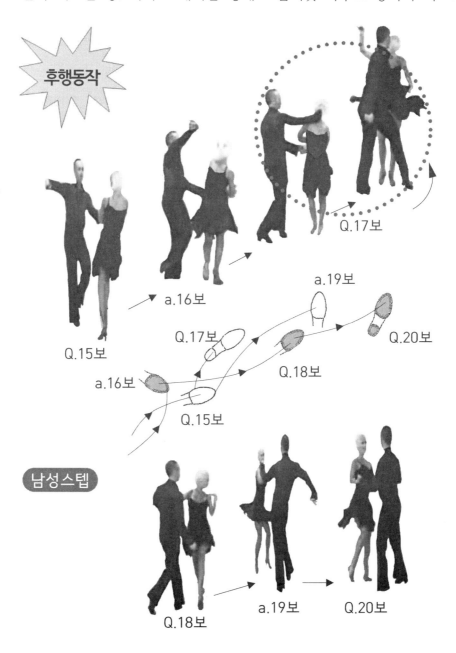

토우-힐 스위블-플릭스 인투 브레이크
Toe Heel Swivel-Fliks Into Break

토우 힐 스위블- Toe Heel Swivel

1. 토우(Toe)란 발 끝부분을 설명한다. 힐은 뒤축을 즉, 발의 앞과 뒤, 끝과 끝이다. 다른 부위는 들려진 상태므로 무릎을 구부리고 펴는 방법으로 활용한다.

2. 각도로 비교하면 토우는 발이 직선을 이루고, 힐은 발을 편 상태에서 행하므로 뒤축이 닿고 앞부분이 들려지기만 하면 된다.

3. 선행(先行)은 다양하다. 그러나 조건이 요구된다. 더블-홀드로 이루어져야 함이다.

4. 링크-록으로 시작하는 것이 쌍방 간 탄력이 이루어져 행하기 쉬운 점이다. 여기서도 여러 가지 변형된 형태가 많이 나온다. 중요한 것은 볼의 회전.

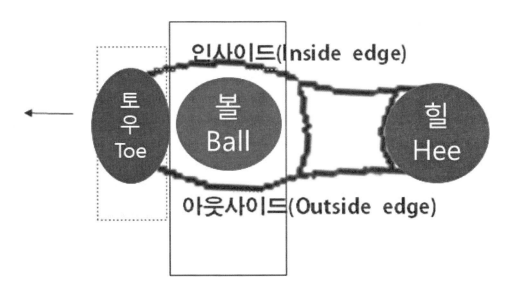

토우힐스위블-Toe Heel Swivel

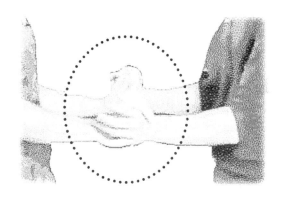

시작시의 기본적인 홀드 방법과 손의 위치. 높이를 참조. 손의 높이는 편안한 상태에서 각자의 힘을 상대에게 전달하기 편한 위치 즉 어깨를 이용한 상체의 힘을 전달.

여성은 왼발이, 남성은 오른발이 주체가 된다. 시작 시 체중을 얹고 시작 한다. 팔의 높이는 허리와 가슴높이로 한다. 상대의 신장에 맞추어 조절.

이 동작에 있어서는 상, 하 힘의 균형이 잘 이루어져야 한다. 밸런스가 이루어져야 함이다. 한 쪽으로 힘이 치우치면 자세가 기울어져 아름답지 않다. 일직선을 이루어야 안정되고 힘의 전달이 상대방에게 편안히 전달된다. 창과 방패의 역할을 각자가 해야 하는데 일방적인 창이나 방패가 아니라 서로 균등하게 역할을 해야 한다. 지나치면 마치 힘겨루기의 양상으로 비춰지기 때문에 더욱 신경을 써야한다. 서로 사이좋게 힘을 합하여 이루어나가는 형상이 즐겁게 보인다.

진행과정을 비교하여 보는 것이다. 테크닉의 차이를 비교, 선택은 자유.

토우 힐 스위블-Toe Heel Swivel

4 Q 3 Q 2 Q 1 Q

5 S

1,2보에서 더블홀드로 시작.

카운트는 남녀 각각 Q으로 시작.

5보에서 카운트 Q또는 S를 사용.

변화를 줄 수 있다.

다른 동작으로의 연결 변화가 이루

어진다. 구사자의 능력대로.

체중은 5보에 확실하게 얹는다.

1보와 2보는 시작 시 전후진의 모습이다. 3보에서는 체중을 얹고 한 발로 선 형태를 유지한다. 토우인 상태다. 발 끝부분을 바닥 에 딛고 탭-하는 스타일로 행한다. 발을 살짝 들어 **토우형태**를 취하기도 한 다. 이때 체중을 얹은 발로 **스위블** 동작을 취한다. 5보는 가로질러 건너간다. 시간이 소요 되므로 **카운트는** S가 된다. 좌우 양쪽을 반복 하게 된다.

토우 힐 스위블-Toe Heel Swivel

8에서 다시 3으로 연결 반복이 이어진다. 지나친 반복은 오히려 역효과가 나온다. 적당히 즐기는 것이 바람직.

순서 1에서부터 시작을 하면 된다. 카운트도 유념하고--

숙달-과정에서는 여러 번 반복을 하다보면 좋은 결과가 나올 것 이다. 리드는 항상 평상심을 잃지 않도록 한다.

다른 동작으로 연결이 될 경우는 8에서 끝나고 새로운 패턴의 1,2로 시작 연결한다. 이어지는 피겨에 따라 동작이 바쁘거나 여 유가 문제가 된다. 자이브에 있어서 아주 중요한 부분이다.

토우 힐 스위블-Toe Heel Swivel

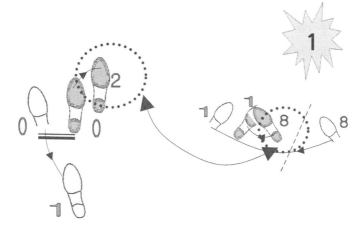

진행카운트는 시작-시1,2를 하고 다시 1부터 시작. 또는 폴어웨이-스텝 마지막보수를 8로 한 후 다시 1부터 시작하는 경우. 오픈홀드에서 시작 또는 선행 후 곧바로 연결시작. 여러 방법이 있다.

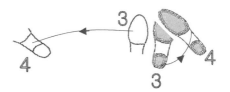

오른발에 체중을 얹고 왼발 탭하고 오른발 볼을 이용 왼쪽으로 회전하며 발을 옆으로 벌리면서 왼발 뒷꿈치 바닥에 살짝 찍듯 눌러준다.3에서 발을 정면을 향한 후 다시 오른발 체중 얹은 채로 좌회전.

토우힐스위블-ToeHeelSwivel

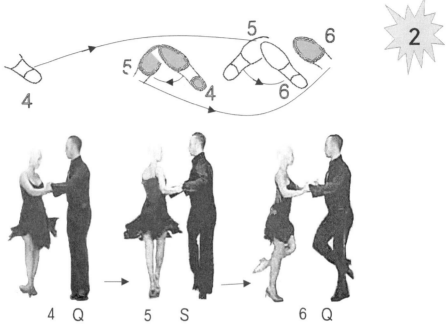

| 4 Q | 5 S | 6 Q |

왼발이 오른발을 가로질러 건너가며 체중 이동, 역할이 바뀐다.

왼발에 치중을 얹고 오른발
토우, 힐을 사용하여 바닥
에 접지 동작을 한다. 물론
발을 옆으로 벌린다.

| 6 Q | 7 Q |

토우힐스위블-Toe Heel Swivel

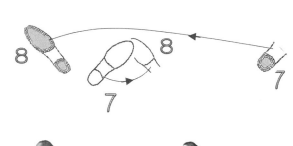

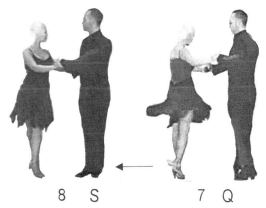

체중 얹은 왼발 볼로 회전하면서 오른발을 좌우로 이동하면서 건너간다.

각 발의 진행에 있어서 숫자가 같은 것이 항상 둘이다. 그것은 양발이 동시에 작용하기 때문이다. 한 쪽 발에 체중을 얹고 다른 발은 힐, 또는 토우를 활용하는 것이다. 좌우로 이동을 할 때는 항상 체중을 얹은 발의 볼을 이용하여 좌우로 이동을 한다. 차근차근 원리를 알면 쉽게 활용 할 수 있다.

토우-힐 스위블에 있어서 중요한 점은 토우, 힐 동작을 할 때 무릎을 폈다 구부렸다 폈다 함은 당연, 무릎을 들고, 내리면서 찍듯 발의 각 부위를 - 송곳 같은 날카로움이 필요하다는 것. 대충 바닥에 접촉하는 것이 아니라 확실하게 하는 것이 바람직하다는 말이다.

토우힐스위블-Toe Heel Swivel

토우-힐 스위블에 있어서 중요한 점은 토우, 힐 동작을 할 때 무릎을 폈다 구부렸다 폈다 함은 당연, 무릎을 들고, 내리면서 찍듯 발의 각 부위를 - 송곳 같은 날카로움이 필요하다는 것. 대충 바닥에 접촉하는 것이 아니라 확실하게 하는 것이 바람직하다는 말이다.

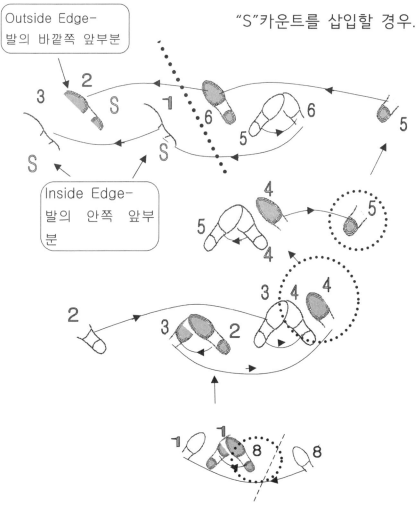

진행카운트는 시작-시 1,2를 하고 다시 1부터 시작.
요령은 구사자의 편의대로 하십시오.

-플릭스 인투 브레이크-Fliks Into Break

플릭 동작을 이용한 방법이다. 진행방법과 요령은 전과
동이다. 패턴만 다르게 할 뿐이다. 좌우 하는 요령도
같다. **플릭 동작만 할 뿐이다.**

오픈포지션 상태에서 시
작하는 경우가 자연스럽
고 편하다. 앵손을 사용
하는 동작이라 더블-핸
드홀드 포지션이다.

남성은 왼쪽, 여성은 오른쪽   기울임은 같으나 남녀 각가 발
으로 몸을 기울인다   이교체된 상태에서 행한다.

남녀가 각각 움직이면서 탭과 스텝을 반복한다. 향하는 방향은 같
으나 발을 교체하면서 행하는데 탭 동작에서는 체중을 완전히 얹
어 몸의 중심이 흐트러지지 않도록 한다.
카운트는 각 발마다 Q 으로 사용한다. 오뚝이가 흔들거리다 중심
을 잡고 바로 서는 형상이다.

-플릭스 인투 브레이크-Fliks Into Break

2

왜 팔을 올리고 내릴까?
폼으로? 오픈 상태에서 최대한
근접거리 유지하고 텐션의 탄
력을 보여 주려함이다. 팔을
중간위치에서 움직여도 상관없
다. 전신을 이용하는 것이다.

남여가 앞을 향하면서 킥동작
을 한다. 간격을 유지해야 하
므로 자연 팔의 위치가 약간
내려감이다. 남성은 왼발, 여성
은 오른발에 중심을 두고 킥동
작을 한 후 다시 남성우회전,
여성 좌회전 하면서 서로 정면
으로 마주대한다.

마무리 동작을 한다. 남성은
왼발 킥을 하고, 여성은 오른
발 킥동작을 행한 후 서로 마
주보며 동작을 마무리하는 것
이다. 반복동작을 한 후 브레
이크 포지션으로 연결한다.

-플릭스 인투 브레이크-Fliks Into Break

전 동작에 이은 브레이크 포지션의 연결이다. 카운트의 운용에 있어 제
자리에서 한템포 쉬는 듯한 동작에 유념하시길 바랍니다.

플릭-동작의 마무리
과정이다. 남성-왼발,
여성-오른발로 킥 한
후 마주 보며 발이
크로스 상태-브레이
크 동작으로 연결한
다.

브레이크 Break Position

후행동작

매우 자주 활용되는 동작이다. 방법은 사용에 따라
여러 종류가 있다. 기본적인 브레이크 포지션의 일종.
정지동작이므로 마무리할 때 활용된다.

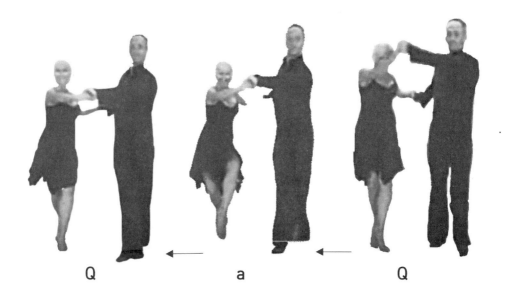

Q   a   Q

보통 3보로 구성되고 그리 활용하는 것을 원칙으로 하고 있다. 볼
-체인지와 같은 형상이고, 같다보아도 편하다. a카운트에서의 동
작을 사진을 보면서 참고하면 많은 도움이 될 것입니다. 오르고,
내리고, 강약의 완급 조절 방법이라 템포의 완급 조절도 용이하게
된다.
님성의 리드에 있어서는 보통 자동차 급브레이크를 밟는 기분이다
생각하면 편할 것이다. 라이즈-앤-폴에 있어서 파트너와의 완급조
절이 더욱 멋을 가마하는 멋진 동작이다.

스윗 하트-섀도우 스토킹 워크
Sweet Heart-Shadow Stalking Walks

사랑이란 달콤한 것이다. 아끼고 위하고 존중하는 것이다. 그런 마음으로 행하는 댄스다. 양손을 잡고 달콤함을 속삭이는 아름다움이다. 다음에 허니 문을 향한 사랑의 밀어가 진행된다. 내가 당신의 그림자와 같은 존재가 되어 한마음 한뜻으로 나아간다. 손의 위치와 높이는 사진. 설명 참조.

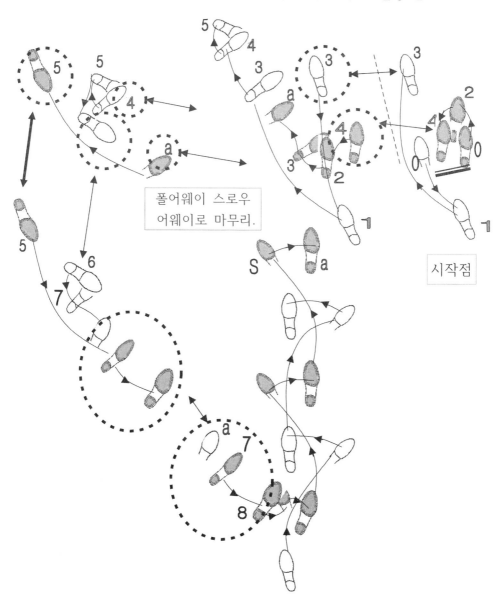

폴어웨이 스로우
어웨이로 마무리.

시작점

스윗 하트 - Sweet Heart

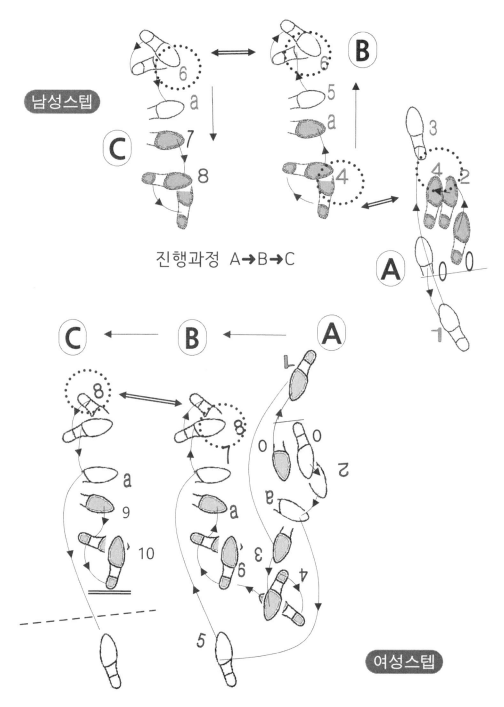

진행과정 A→B→C

섀도우 스토킹 워크-Shadow Stalking Walks

섀도우 포지션을 만드는 방법은 여러 가지 있지만 일반적으로 편안한 방법을 선택 수월하게 할 수 있도록 하는 것이 제일 타당한 방법이다. 숙달된 커플일 경우는 나름 색다른 방법도 사용 할 수 있을 것이다.

섀도우 스토킹 워크-Shadow Stalking Walks

S   S

Q 1   Q 2

Q 3   a   Q 4

섀도우 스토킹 워크-Shadow Stalking Walks-여성

❶-스윗-하트를 행한 후 남성이 여성의 왼쪽 뒤에 위치한 후 안정적으로 링크를 행하고 남녀 같이 섀도우 스토킹 워크를 행하기도 하고 ❷-페이싱 포지션에서 여성을 좌회전 시킨 후, 섀도우 포지션을 취한 후 워크를 진행하기도 한다.

여성스텝

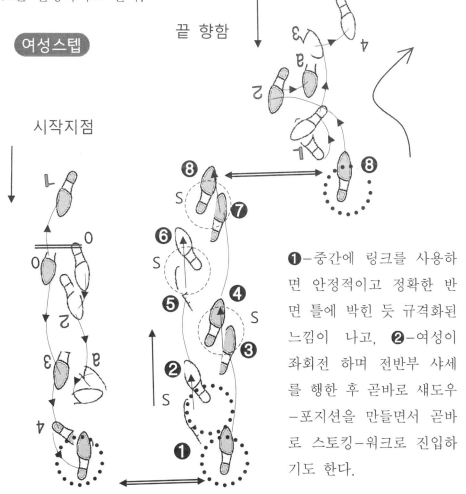

끝 향함

시작지점

❶-중간에 링크를 사용하면 안정적이고 정확한 반면 틀에 박힌 듯 규격화된 느낌이 나고, ❷-여성이 좌회전 하며 전반부 샤세를 행한 후 곧바로 섀도우-포지션을 만들면서 곧바로 스토킹-워크로 진입하기도 한다.

신속하여 남성도 리드에 신경을 쓰고 여성은 자세를 흐트러지지 않도록 해야한다.(사진은 페이싱 포지션으로 행하는 경우다.)

윕 - 리버스 윕 - 무치 1, 2 - 컨티뉴어스 샤세
Whip-Reverse Whip-Mooch1,2-Continuous Chasse

윕은 이미 앞 과정에서 설명이 되어 있으므로 생략하고, 리버스 윕으로 넘어갑니다. 리버스-윕은 윕인데 리버스 계열로 진행, 1, 2(왼발, 오른발)를 시계 반대 방향으로 진행하며 행합니다. 물론 홀드 상태는 더블-홀드입니다. 무치를 행한 후 컨티뉴어스-샤세를 이어 진행합니다. 부분별로 나누어 설명합니다.

리버스윕–Reverse Whip

보통 윕은 후진하며 진행하였고, 리버스-윕은 왼쪽으로 전진하며 원을 그리며 행한다. 카운트에 유의.

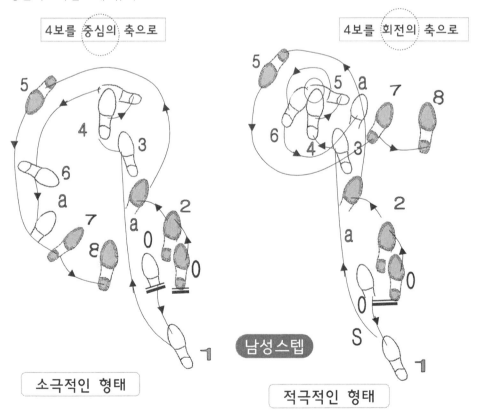

- 236 -

무치-Mooch

피겨의 명칭은 대체로 동작의 묘사가 많은데 특히 스포츠와 연관이 많다. 펜싱, 스키, 낚시, 투우 동작,---,희로애락의 표현 등등 플라이 낚시 또한 이에 등장한다.

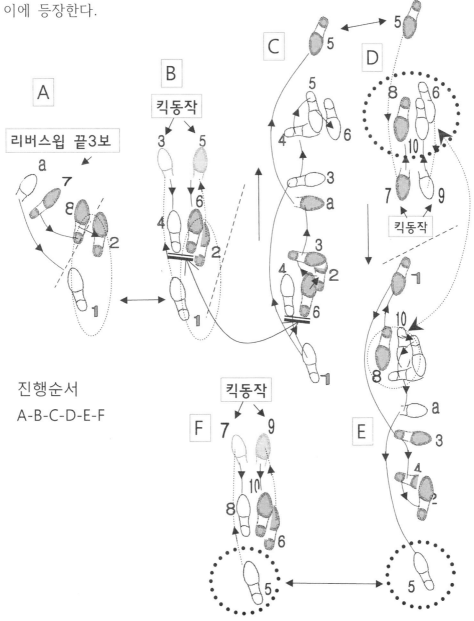

진행순서
A-B-C-D-E-F

무치-Mooch-각 동작 분석하기-순서대로

1

시작준비

남성:체중 왼발, 후진1/4 좌회전
여성:체중 오른발, 후진1/4 우회전

1보

남성:체중 오른발, 전진, 제자리
여성:체중 왼발, 전진, 제자리

2보

3보

남성:체중 오른발, 왼발-제자리 킥
여성:체중 왼발, 오른발-제자리 킥

4보

남성:체중 왼발-왼발 킥 후
여성:체중 오른발-오른발 킥 후

5보

남성:체중 왼발, 오른발-제자리 킥
여성:체중 오른발, 왼발-제자리 킥

6보

남성:체중 오른발-오른발 킥 후
여성:체중 왼발-왼발 킥 후

무치-Mooch-각동작분석하기-순서대로

7보

8보

남성 :체중 왼발, 후진
여성 :체중 오른발, 후진

남성:체중 오른발, 전진, 제자리
여성:체중 왼발, 전진, 제자리

9보

10보

11보

남성은 왼쪽 샤세, 여성은 오른쪽 샤세 카운트는 QaQ

12보

13보

시작 시와 방대 방향에서 다시 시작하는 방법으로 되풀이 .

무치-Mooch-각 동작 분석하기-순서대로

선행의 경우와 마찬가지로 동작을 이어간다. 방향과 발이 역이다. 요령은 마찬가지니 어려움은 없는 것이다. 중요함은 끝부분이다.

차고, 놓고, 향함의 연속이다. 요령은 전보와 같다. 방향주의. 각보-"Q"

마이애미스페셜(Maiamy Special)

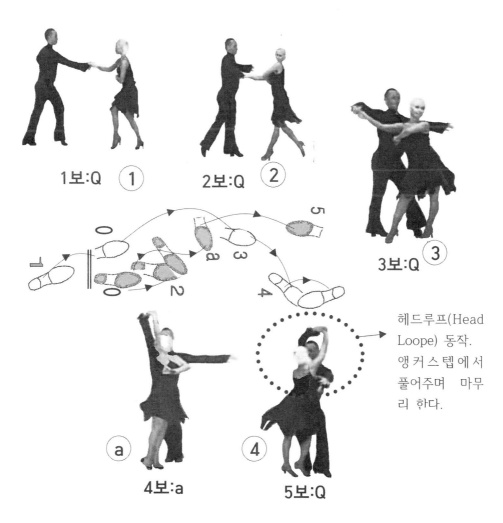

1보:Q ①   2보:Q ②   3보:Q ③

4보:a ⓐ   5보:Q ④

헤드루프(Head Loope) 동작. 앵커스텝에서 풀어주며 마무리 한다.

발의 진행, 리듬, 타이밍							
1보	2보	3보	4보	5보	6보	7보	8보
Q	Q	Q	a	Q	Q	a	Q
1	2	3a4			5a6		

마이애미스폐셜(Maiamy Special)

흔히들 하는 표현으로 손으로 목을 손으로 감고 풀어준다는 표현을
하는데 루프를 목에 걸쳤다 다시 풀어주는 형상이라 한국적인 표현
이 더 걸맞다. 목에 줄을 감았다가 풀어주는 형상이라 생가하면 좋
다. 스스르 미끄러지듯 손이 떨어지면서 거리를 조절한다.(6보-8보)

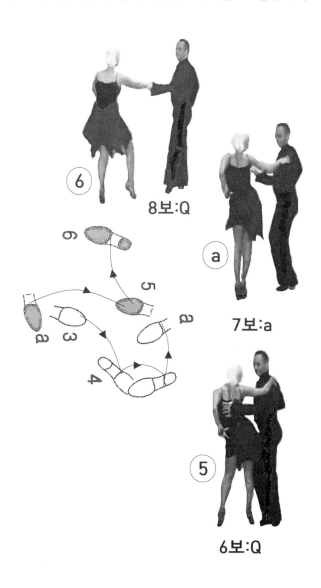

8보:Q

ⓐ

7보:a

6보:Q

컨티뉴어스 샤세-Continuous Chasse

무치에서 C-D-E-F를 반복한 후 샤세를 이어 행한다. 셔플 하는 방법으로 하면 된다. 전진 4회, 후진 2회를 행한다. 피니시는 클로즈 홀드로 마무리 후행은 일반적으로 "폴 어웨이 스로우-어웨이"를 행한 후 서로 마주 보며 오픈 상태를 유지, 또는 각자의 취향에 따라 행하도록 한다.

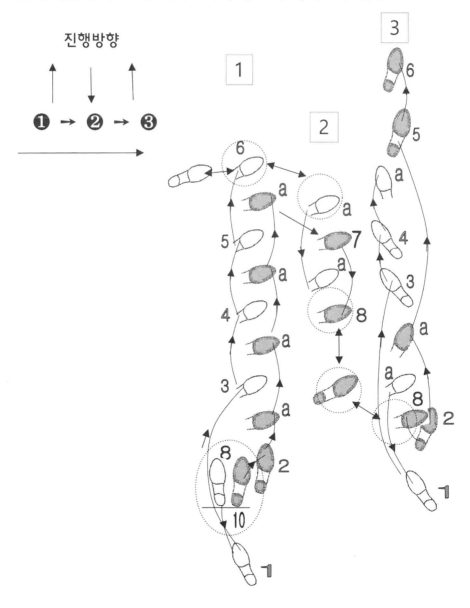

윕-스로우어웨이-플리 홉-엔딩 스톱 앤 고
Whip Throw-away Flea Hops-Ending Stop&Go

윕-스로우 어웨이를 행하면서 **사이드-포지션**을 이루고 플리-홉을 행한 후 스톱 앤 고를 하면서 연결을 매듭짓는다. 다른 후행은 각자가 취향대로 연결한다.

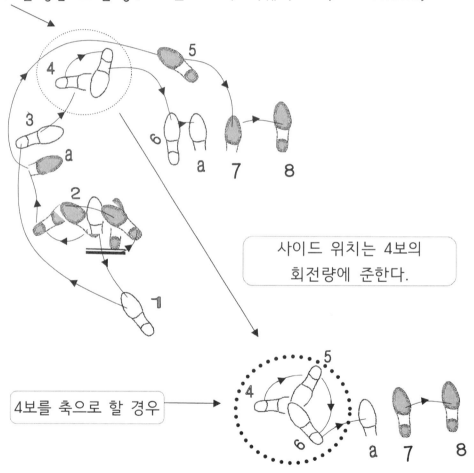

4보를 중심으로 할 경우   윕 스로우 어웨이-Whip Throwaway

사이드 위치는 4보의 회전량에 준한다.

4보를 축으로 할 경우

6에서 위치를 확정하고 7a8에 샤세를 하면서 남성 왼손, 여성 오른손을 잡고 사이드-포지션 이루며 나란히 선다. 회전량은 가감이 항상 가능하다.

윕-스로우어어웨이-Whip Throw-away

1   2   3   a   4

5   6

윕-동작은 이어지는 후행에 따라 달라진다. 마무리 동작이 달라지는 것이다. 윕의 다양함이란 바로 이런 연유이다.

지금의 경우는 어떤가?

7a8 동작을 보면 알 듯이 여픙로 나란히 선 채로 동작을 마무리하여 그다음 동작으로 이어간다.

그것이 바로 Flea Hop동작이다.

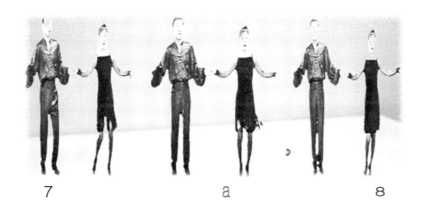

7   a   8

플리홉-Flea Hops

벼룩이 톡톡 튀는 형상을 나타낸다. 좌우로 상체 스웨이를 하면서 홉핑, 균형을 유지한다. 리드는 밀고 당기는 것보다는 텐션 유지하며 프레싱을 이용하는 것도 괜찮다.

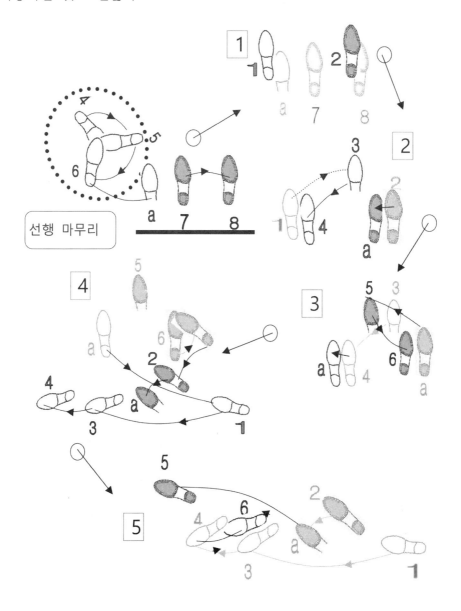

선행 마무리

캐터펄트-Catapult

캐터펄트-Catapult

캐터펄트-Catapult

캐터펄트란? 장력을 이용한 던지기라고 생각하면 된다. 압력 등 사출기 등등-많은 해석이 있다. 댄스에 있어서 가장 적합한 것은 일종의 던지는 행위, 즉 보내는 행위인데 강하게 던진다는 것은 회전을 의미하기도 한다. 활시위를 당겨 활을 쏜다는 표현이 적합할 것이다. 양손을 사용한다. 한 손을 사용하기도 한다(왼손). **밀고 당기는 동작과 텐션의 조합.**

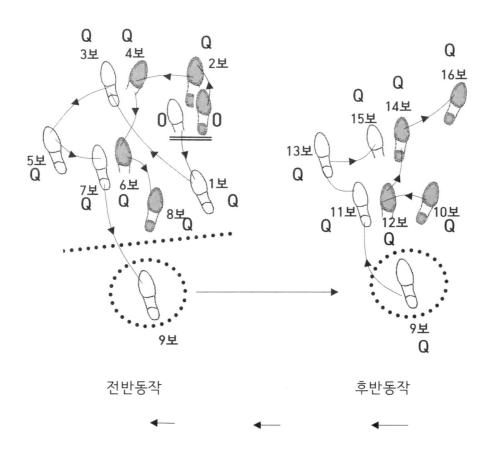

전반동작   후반동작

캐터펄트-Catapult

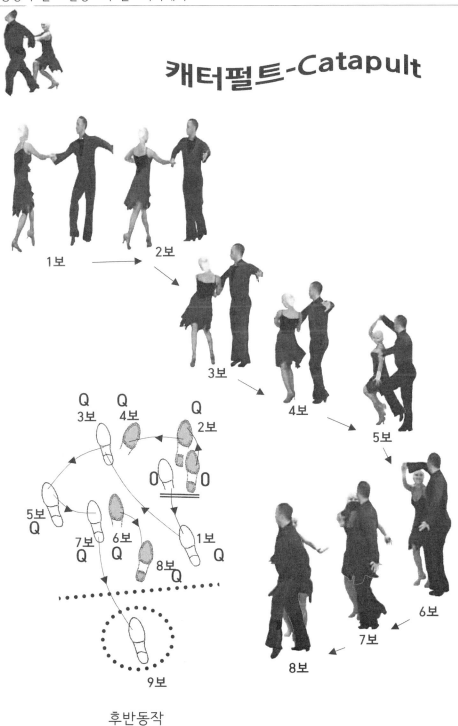

후반동작

캐터펄트-Catapult

10보

9보

13보

16보

Q

Q

14보

15보

13보

Q

12보

11보

Q

11보

Q

12보

10보

Q

Q

전반동작

9보

Q

16보

15보

14보

캐터펄트-Catapult

여성의 스텝이다. 어찌 보면 단순하다 볼 수도 있다. 좌회전 , 우회전이지만 평범한 수순이 아니다. 샤세의 종류도 다양하다. 진행과정에 따른 변화가 요구된다. 막무가내식으로 샤세이니 좌우로만 이동하면 된다는 방법은 곤란하다. 물론 진행이 안되는 것은 아니다. 격에 맞는 방법을 택하는 것이 정도다. 짝퉁식의 진행은 곤란하다. 이것이 제대로 알고 추는가? 막춤을 추는가 차이다.

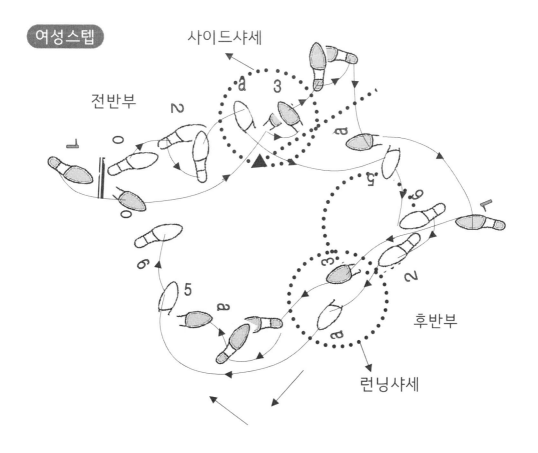

샤세 방법의 올바른 선택은 당신을 돋보이게 합니다.
편안한 댄스를 위하여!

쇼울더스핀-Shoulder Spin

인체의 상체에서 가장 힘을 받고 지탱해주는 부분이 어깨다. 어깨가 돌아
가면 상체는 자연 따라가기 마련. 밀고 당길 때 역시 어깨, 허리를 이용
힘을 발휘한다. 상체와 하체가 엇갈리는 허리의 움직임을 우리는 CBM으
로 설명하는데 주로 모던 종목에서나 사용하는 기본 테크닉이 아닌가? 아
니다. 라틴에서도 사용된다. 이 모든 춤의 기본 동작이 적용된다. 다만 특
성상 쓰임새가 다를 뿐이다.

자이브-에서 밀고 당기는 모든 동작에 이것이 포함되어야 제대로 활용하
는 것이다. 똑바로 선 채로 밀고 당기는 것은 어깨의 힘과 팔의 힘에만
의존하는 동작이다. 극히 작은 움직임 일지라도 이것이 작용해야 아름다
운 동작이 나온다. 숙련자와 비숙련자의 차이는 이것을 보면 알 수가 있
다.

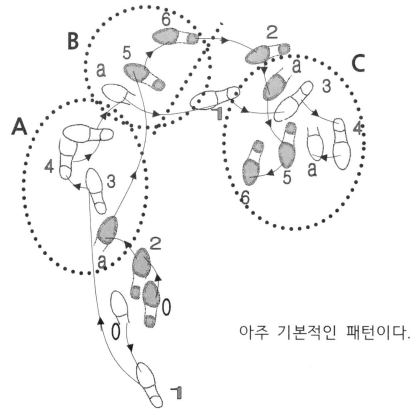

아주 기본적인 패턴이다.

쇼울더스핀-Shoulder Spin

전반부

쇼울더스핀-Shoulder Spin

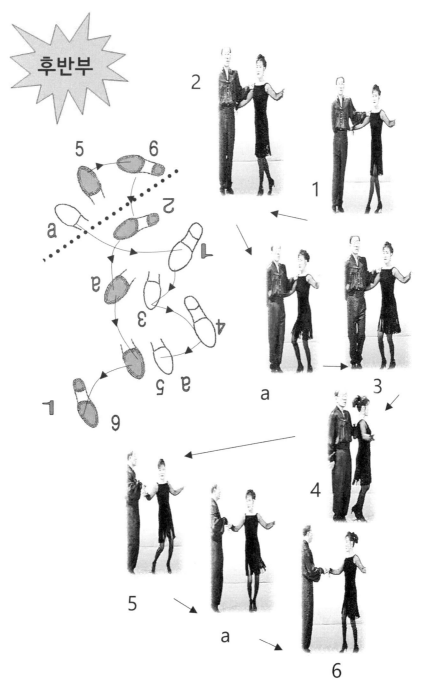

쇼울더스핀-Shoulder Spin

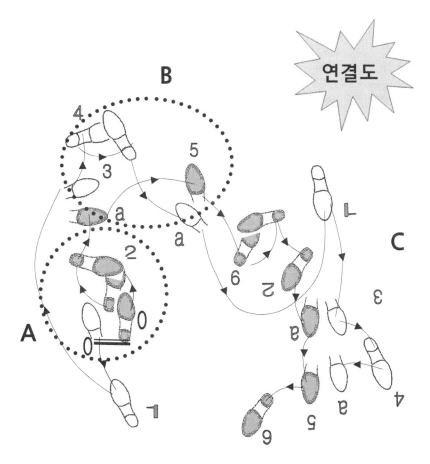

쇼울더 스핀은 진행방법에 있어 남성의 위치, 손의 위치에 따라 여러형태다. 방법에 따른 차이지만 패턴은 여성의 어깨를 어떻게 리드하여 진행을 하는가에 있다. 이때 남성은 여성의 신체에 압박을 가하는 듯한 인상을 주어서는 안된다. 상대방이 부담없이 편하게 응할 수 있도록 부드러운 방법으로 예에 어긋나지 않는 방도를 취해야 한다. 댄스란 상대방에 대한 배려이자 원원하는 운동이다. 리드의 강도 또한 적절하게 조절하는 요령이 필요하다.

쳐깅-Chugging

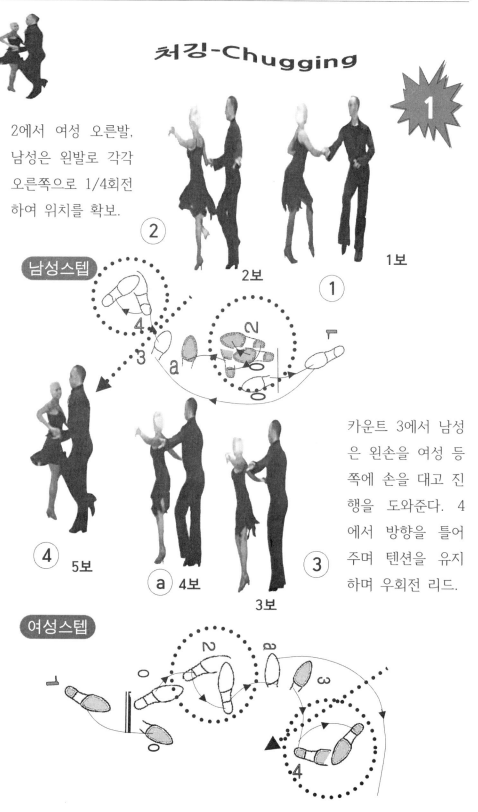

2에서 여성 오른발,
남성은 왼발로 각각
오른쪽으로 1/4회전
하여 위치를 확보.

남성스텝

카운트 3에서 남성
은 왼손을 여성 등
쪽에 손을 대고 진
행을 도와준다. 4
에서 방향을 틀어
주며 텐션을 유지
하며 우회전 리드.

여성스텝

- 256 -

처깅-Chugging

6보

7보

남성 ⓐ 여성

8보 Ⓠ

Ⓠ 9보

ⓐ 10보

Ⓠ 11보

Ⓠ 12보

여성 ⓐ 13보

14보 Ⓠ

처깅-Chugging

3

15보 (Q) 여성 (a) 16보 남성 (Q) 17보

18보 (Q)

(a)

19보

20보

(Q)

남성,여성 옆으로

처킹-Chugging

시작 시 사이드로 옆으로 하는 경우도 있고, 정면으로 마주하며 하는 경우도 있다. 방법의 다양성이다.

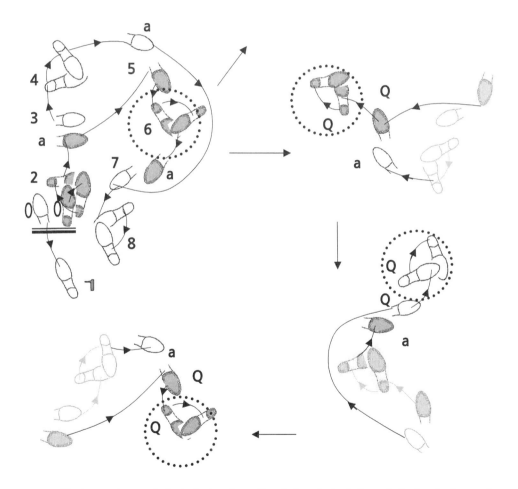

원의 표시는 회전량이나 각도에 따라 달라진다. 약간의 차이는 있지만 지나치면 어색해진다.

처깅-Chugging

남성스텝

남성이 여성을 리드함에 있어 왼손과 오른손의 강약의 교체, 그리고 텐션 유지와 손의 높이 등에 신경을 써야 한다.

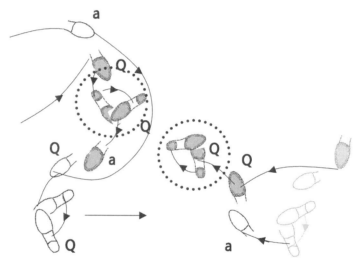

원은 리드의 강함이다. 남성은 왼손 오른손이 3a4에 따라 바뀐다.

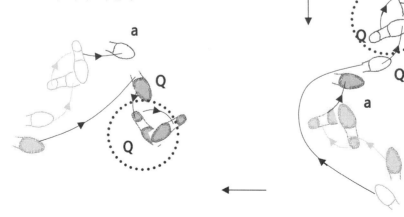

윕-스핀 - 보타포고스
Whip Spin - Botafogos

윕에 이은 스핀을 행한 후 보타포고스로 이어진다. 보타-포고스는 삼바에서 많이 사용되는 스텝이다. Bota는 Bolta라는 의미와 상통한다. 말이 좌우로 움직이며 원을 그리는 형상이다. 쉽게 설명하면 강아지가 공을 갖고 노는 형상인데 공을 중앙에 놓고 좌우로 움직이며 빙글빙글 돌면서, 때로는 좌우로 움직이며 미끄러지듯 브레이크가 걸리는 행동이다. 16-17세기 서구에서 유행하던 춤의 일종이라고도 한다.

활용은 당신 몫

웝스핀-Whip Spin

웝-동작에 스핀이 첨가된 피겨다. 스핀은 역동작으로 행위가 이루어지므로 자세의 안정에 유의해야 한다. 남성은 두 발의 볼을 이용, 회전하며 여성을 리드.

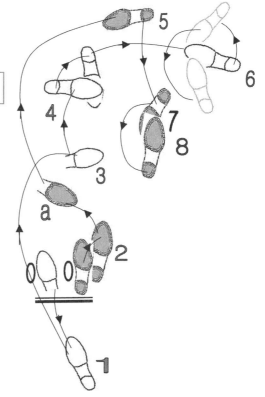

1,2,3,a,4,5,6,(S)→7,8

동작의 구분을 쉽게 이해하시도록 중간에 a카운트를 삽입하였음을 알려드립니다. 원래의 카운트는 위쪽 참조 바랍니다.

a → 7 → a → 8

보타(볼타)포고스-Bota(Bolta)fogos

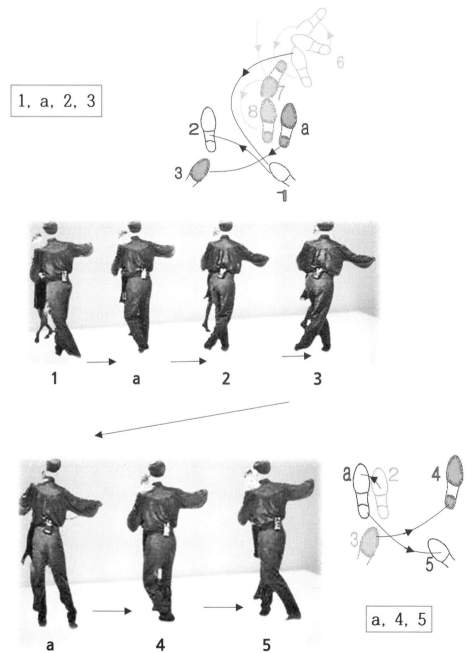

1, a, 2, 3

1   a   2   3

a   4   5

a, 4, 5

보타(볼타)포고스-Bota(Bolta)fogos

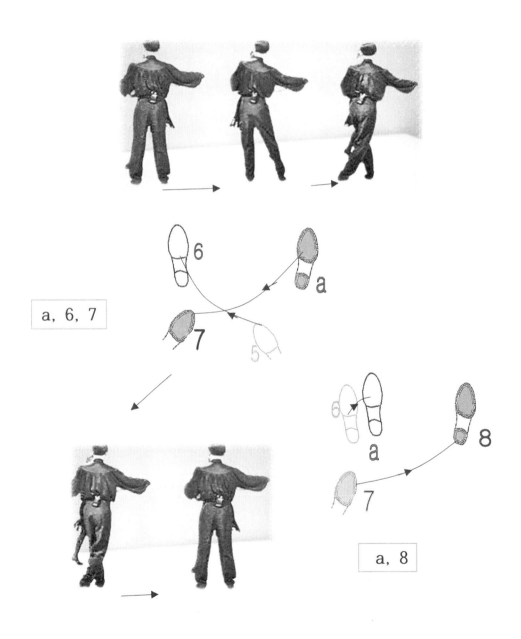

a, 6, 7

a, 8

윕-로터리 지그재그
Whip - Rotary Zigzag

로터리 지그재그는 쉽게 로터리에서 차량들이 운행을 하는 것을 상기하면 된다. 운전자는 남성이다. 신호등은 리드이고, 방향의 전환은 보통 사거리로 생각하고, 상황에 따라 삼거리도 된다. 전체적인 부분 동작은 4보로 이루어진다. 각 방향을 정하고 매듭을 짓고 연결하는 것이다.

윕-Whip-로타리 지그재그를 위한 윕   1,2,3,a4,5,6,7a8

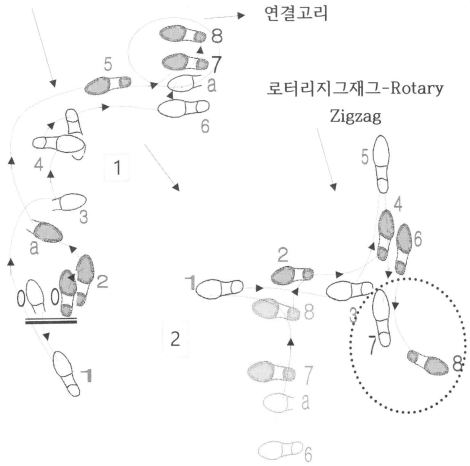

윕-로터리 지그재그
Whip - Rotary Zigzag

응용과정

회전량의 변화를 보이는 경우.-3a4의 4에서 건너간다. 회전량이 많아지면서 여성은 전진하는 편한 자세로 동작을 하게 된다.

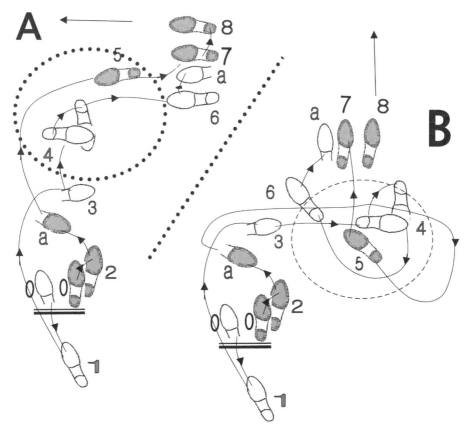

회전량에 따른 변화는 항상 존재한다. 실전에서는 회전량이 기본적인 경우도 있으나 숙달이 되면 후행과의 연결도 감안 많은 변화를 주기도 한다. (참고.)-A의 경우 5에서도 계속 회전을 하며 행할 경우 방향이 또 달라진다. B의 경우는 WCS,기타 스윙에서 즐겨 사용하는 방식으로 기본기를 익히고 상급이 되면 능숙하게 사용가능하다.

윕-Whip-로타리 지그재그를 위한-윕

도형ㅓ 진행과정

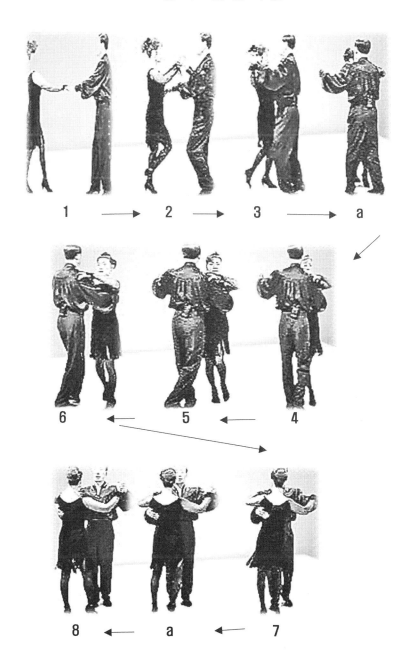

윕-Whip-로타리 지그재그를 위한-윕

지그재그는 모던의 지그재그와 성격은 같으나 실행에 있어 스타일은 다르다. 모던 스타일은 전, 후진의 진행이 이루어지면서 자리 이동이 이루어지나 이 피겨에서는 체크-스타일로 이루어진다.

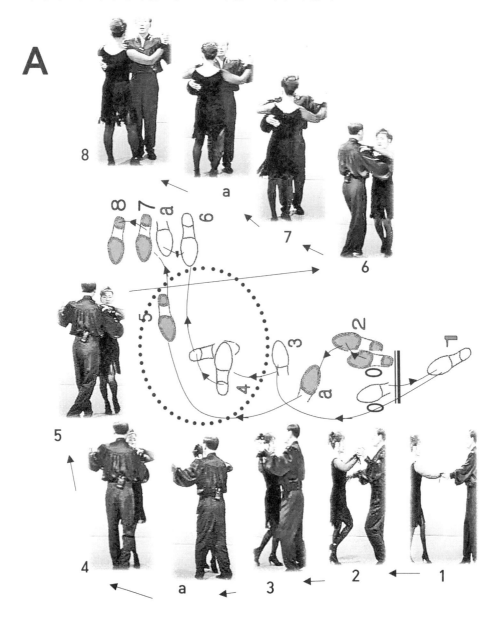

로터리 지그재그 -Rotary Zigzag

B 로터리 지그재그-연속시 행보

4보로 이루어져 단락을 이루면서 반복 되기도 한다. 2회가 한 그룹을 이룬다. 반복은 구사자의 뜻이다. 일반적으로 2회로 행하고 다음 피겨로 연결한다. 왜? 4회는 원위치이니까.

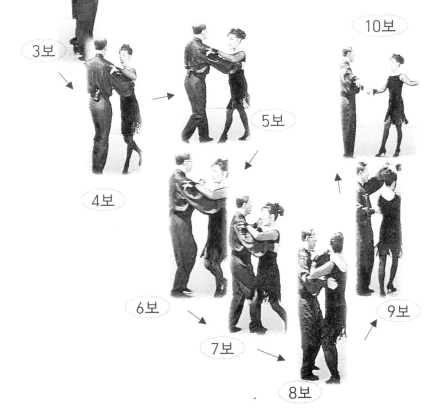

1보 2보 3보 4보 5보 6보 7보 8보 9보 10보

로터리 지그재그 -Rotary Zigzag

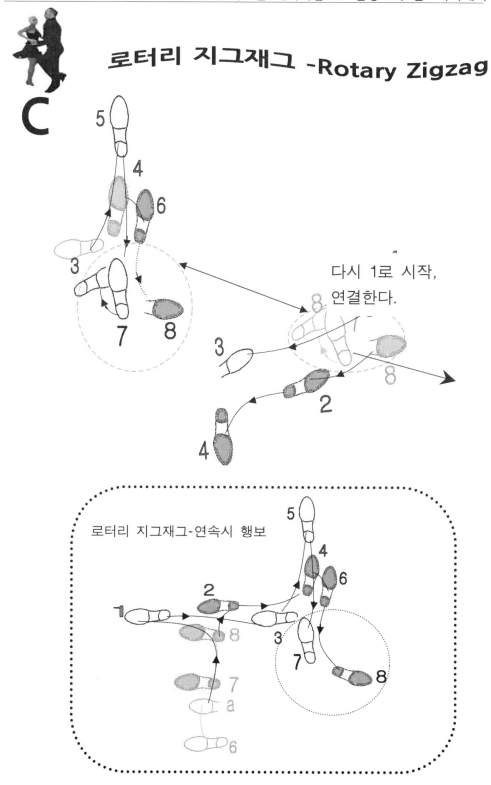

다시 1로 시작,
연결한다.

로터리 지그재그-연속시 행보

로터리 지그재그 -Rotary Zigzag

전반부

향함 방향

연결 1로 시작

1

1=5

5보

2

1

3

8

4

4보

7

a

1보

2보

3보

로터리 지그재그 -Rotary Zigzag

1,2,3,4 또는 1,2,3a4

아웃사이드 스위블을 연상하면 된다.

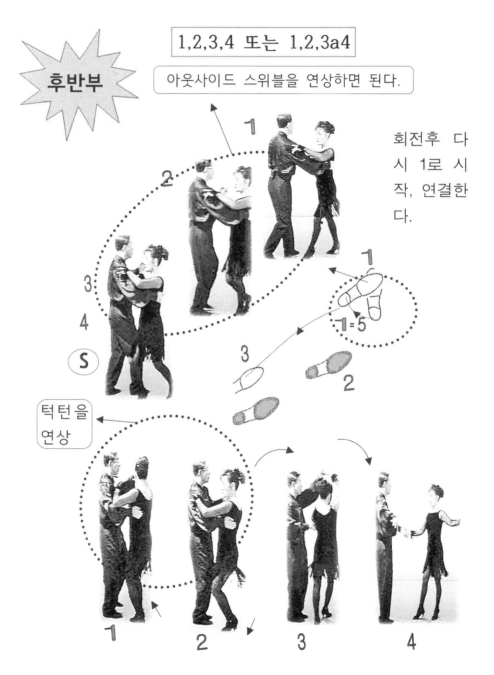

회전후 다시 1로 시작, 연결한다.

턱턴을 연상

플릭 크로스 - Flick Cross -

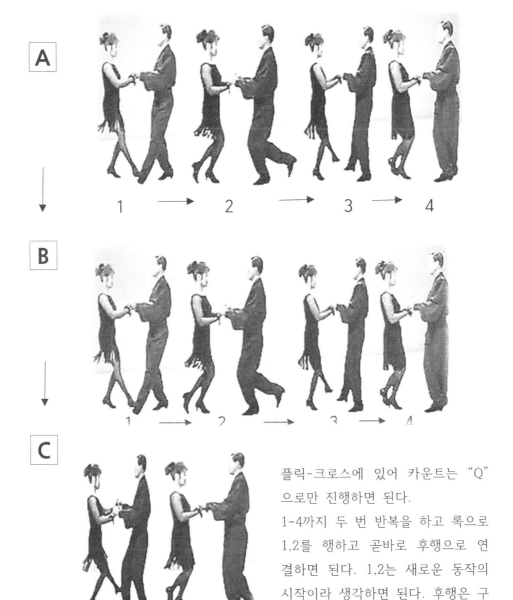

A

1 → 2 → 3 → 4

B

1 → 2 → 3 → 4

C

1 → 2

플릭-크로스에 있어 카운트는 "Q"으로만 진행하면 된다.

1-4까지 두 번 반복을 하고 록으로 1,2를 행하고 곧바로 후행으로 연결하면 된다. 1,2는 새로운 동작의 시작이라 생각하면 된다. 후행은 구사자의 기호에 맞추어 행한다.

플릭 크로스-Flick Cross-

플릭 크로스-Flick Cross

흘릭 크로스는 흘릭 동작을 크로스 하면서 행한다. 좌우로 이동하며 크로스에 플릭 동작을 행하는 것이다. 뉴욕-스프링은 봄날을 맞은 뉴욕의 상큼 발랄함을 표한 것이다. 흘릭**Flick Cross** 에는 홉(Hop) 동작이 요구된다. 양손을 잡고 시작한다. 바운스를 같이 맞추어야 한다. 남성은 왼발을 들고 킥동작을 하는 것을 시작으로 카운트는 1부터 시작한다. 여성은 오른발부터 시작한다. 홉-동작을 사용하는데 킥은 차고, 슬립은 바닥에 발을 댄 채로 미끄러짐을 말한다.

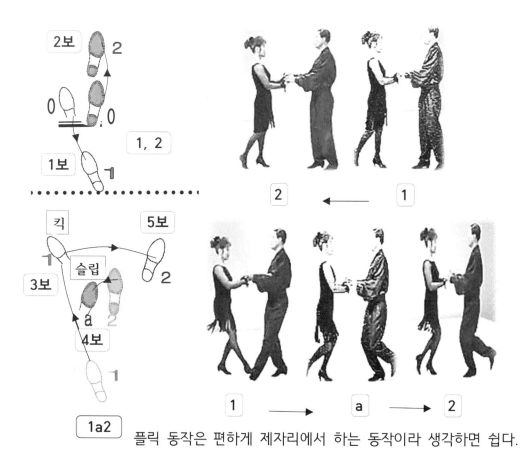

플릭 동작은 편하게 제자리에서 하는 동작이라 생각하면 쉽다.

뉴욕-스프링-NewYork Springs

1, 2, 3a4

4 ,5, a 6

뉴욕-스프링-NewYorkSprings

전체적으로 발이 차례대로 교차하면서 동작을 행하므로 체중의 이동시 흔들림이 나타나지 않도록 주의. 좌우로 상체를 움직이므로 향하는 방향을 직시.

1, 2, 3, a, 4

5, a, 6

뉴욕-스프링-NewYork Springs

마무리 단계에서 1,2에서 제자리에서
카운트 하는 것을 잊지 말아야 한다.
그렇다고 가만히 있는 것은 아니다.
다음단계를 준비하는 동작인 것이다.

1,2

3   a   4

5   a   6

코카로라-2 Kick-볼-체인지&메디슨킥
Coca Rora, 2 Kick-Ball Change & Medison Kick

살사나 **삼바**에도 자주 등장하는 명칭이다. "코카-코라"
라는 별칭의 피겨도 있는데 이것은 코카-로라이다. 발의 앞부분
즉 볼을 비비면서 동서남북 사-방향을 두루 섭렵하는 것이다. 그
것도 남녀가 앞뒤로 커플을 이루어 동시에 움직이는 것이다.

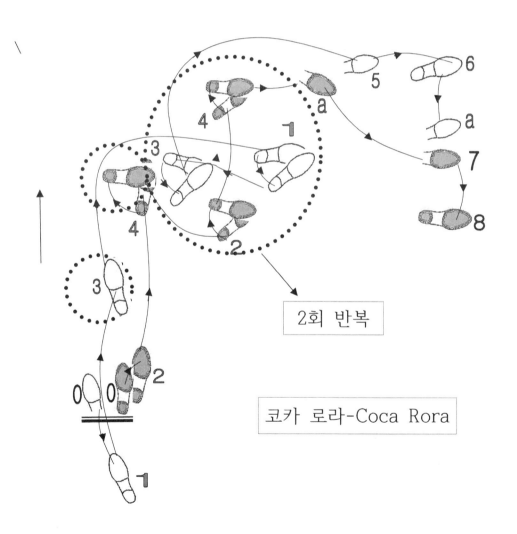

2회 반복

코카 로라-Coca Rora

코카로라-Coca Rora, -❶

아무리 좋은 약도 과용하면 몸을 상하게 합니다. 코카로라도 종류가 너무 많아 쇼-케이스용-지나치면 --- 우선 기본적인 개념만 소개 합니다.

2, 3권에서 자세하게 설명 드리렵니다. 한 종류만 여러 가지 책 한 권 분량 입니다.

남성이 3,4,5보를 3a4 행할 시 여성은 3,4로 진행 남성 옆으로 사이드 포지션을 이루고 진행. 남성 오른쪽 앞에 비스듬히 위 치하기도 합니다. 취향저격대로. 여성은 전진 좌회전 합니다.

코카로라-Coca Rora, - ❶

2

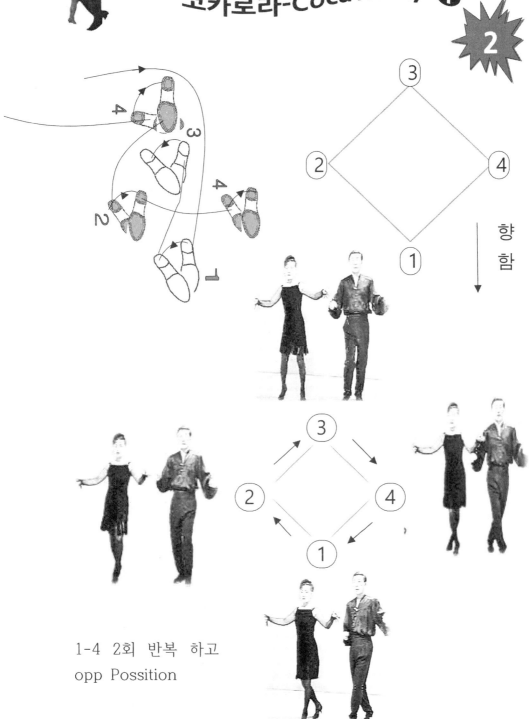

③

②　　　④

①

향
함

③

②　　　④

①

1-4 2회 반복 하고
opp Possition

코카로라-Coca Rora. - ❶

3

2회 반복과정

③

②

④

①

⑤

opp 연결과정

마무리opp Position

동영상은 네이버 블러그
"한명호의 댄스아카데미"에 들어오시
면 전체를 볼 수 있습니다. 전종목이
영상으로 준비되어 있습니다. 시리즈
로 계속 출간 됩니다. 스윙,살사---

댄스스포츠-2

자이브-❶

엮은이 / 한명호
펴 낸 이 / 한원석
펴 낸 곳 / 두원출판미디어
강원도 춘천시 효자3동612-2

☎ 033) 242-5612,244-5612   FAX 033) 251-5611
Cpoyright ⓒ2021 , by Dooweon Media Publishing Co.
이 책의 내용은 저작권법에 따라 보호받고 있습니다.

판권은 본사의 소유임을 알려드립니다.
등록 / 2010.02.24. 제333호
♣ 파본, 낙장본은 교환하여 드립니다.
홈페이지: www.dooweonmedia.co.kr
  :   www.internetsajoo.com
♣ E-mail :doo1616@naver.com

초판 1쇄 2021. 04. 26   ISBN 979-11-85895-25-3

정가 23,000 원

판권 본사
소유 의인